Warum bezahlen fürs Essen?

Warum bezahlen fürs Essen?

Anleitung für einen Buffettiger

CHARLES MAERTN

STEINVERLAG

Herausgeber: Fichtinger Werbeagentur GmbH
Druck: Buchdruckerei Ernst Becvar GmbH
Zeichnungen: Mag. Markus Murlasits
Lektorat: Mag. Karin Schrammel

Oberer Markt 7
3632 Bad Traunstein
www.steinverlag.at

ISBN 978-3-901392-24-5

Vorwort

Buffettiger, eine besondere Spezies der Menschheit

Essen ist teuer. Und kann zu Hause auch manchmal etwas langweilig sein. Warum nicht das Angenehme mit dem Nützlichen verbinden und in netter Gesellschaft kostenlos essen gehen und dabei noch amüsant plaudern? Wie geht das? Nun, werden Sie ein Buffettiger!

Glauben Sie mir, es geht, aber ohne vorschnelle Erfolge. Das ist wie mit dem Sprachenlernen. Wenn Sie ein Jahr lang einmal die Woche den Italienischkurs der Volkshochschule besuchen, erwarten Sie nicht, dass Sie danach einen komplizierten Artikel des „Osservatore Romano“ in Italienisch kommentieren können.

Und so ist das mit den Buffets. Man muss sich mit Fleiß und Konsequenz hinaufarbeiten. Schritt für Schritt; stetig und konsequent.

Ich tat dies.

Natürlich ist mein Name, der auf dem Buchdeckel vorne steht, nicht mein Name, ich wäre auf sämtlichen schwarzen Listen, wenn dies bekannt würde.

Ich esse seit rund 40 Jahren mehrmals die Woche bei einem Buffet; mal exzellent, mal bescheidener, aber stets in angenehmer Atmosphäre, mit kultivierten Menschen (wenn man vom Sturm auf das Buffet absieht) und erfahre meist irgendetwas Interessantes.

Und damit wir uns richtig verstehen: Ich bezahle dafür nichts, denn ein erstklassiges Buffet gegen mehr oder viel mehr Geld kann sich jeder organisieren; fast jedes 5-Stern-Hotel hat eines im Programm.

Ich startete meine Karriere als Sohn eines höheren Staatsbeamten, der eben vor rund 40 Jahren, im Alter von etwa 19 Jahren, begann, auf die Einladungen seines Vaters zu Buffets zu gehen. Mein Vater hasste Buffets; er war ein bedächtiger, langsamer Mensch, der in einem Restaurant schon 20 Minuten für das Lesen der Speisekarte benötigte. Die Vorstellung, im Trubel etwas auf den Teller aufzuhäufen und dann stehend, mit seitlich geschubsten Ellbogen und einer Gabel hinunterzuschlingen, war ihm zutiefst zuwider, sodass er nie zu Buffets ging. Aber er war großzügig genug, mir seine Buffeteinladungen abzutreten. Natürlich waren manchmal die Einlader verwundert, statt des hohen Herrn seinen jugendlichen Sohn (ich legte mir mit 22 eine schwarz-umrandete Brille zu, um nicht wie 17, sondern wenigstens wie 28 auszusehen) anzutreffen. Aber wer sollte sich beschweren, wer wirklich dagegen sein?

Und ich begann natürlich sofort, meine Netze zu spinnen und mein eigenes Buffet-Networking zu betreiben (siehe nachstehendes Kapitel).

Der Erfolg dieser vorerst über 30 Jahre Buffet waren 25 kg Übergewicht, eine ausgewachsene Leber-Stenose und vieles mehr.

Ein längerer Spitalsaufenthalt 2003 brachte die Entscheidung und Einsicht für mich: Schluss mit dem Buffet-Abusus. Back to the Roots, d. h. es gilt mehr der Inhalt und weniger das Essen. Aber soll ein Buffettiger nicht auch an die Jugend denken, an Aspiranten und Nachfolger? An Leute, die gerne wenigstens einmal pro Monat auf fremde Kosten gut essen gehen würden und nicht können bzw. dürfen?

Know-how-Transfer heißt die Devise. Geben wir doch unser Wissen weiter. Man braucht 20 Jahre, bis man mit viel Fleiß ein Buffettiger geworden ist. Ich denke, es schon zu einer gewissen Meisterschaft gebracht zu haben, aber natürlich bin ich nicht vergleichbar mit dem verstorbenen Poldi Waraschitz, Wiens Schnorrerkönig, der ein begnadeter Buffettiger und „Seitenblicker“ (die Gesellschaftssendung des ORF, Österreichischer Rundfunk/Fernsehen) sowie Charmeur gewesen ist. Er hat übrigens die weltweit kopierte Idee entwickelt, grundsätzlich bei Fotos immer zwischen zwei Prominenten zu stehen, damit er nicht herausgeschnitten werden kann. Dies funktioniert sogar im Zeitalter der Digitalfotografie immer noch.

Aber natürlich bin ich nur ein bescheidener Tiger. Die Weltmeister sind unwidersprochen Tarek und Michaele Salahi. Am 26.11.2009 meldete der ORF folgende „Weltsensation“:
„Secret Service bestreitet Gefahrensituation: Aus der Sicht der Salahis war das Staatsbankett ein durchaus gelungener Abend. Ohne Einladung und offenbar ohne ausreichende Kontrolle durch den Secret Service hat sich ein Pärchen in das erste offizielle Staatsdinner von US-Präsident Barack Obama im Weißen Haus geschlichen. Bemerkt wurde das erst, weil sie selbst Fotos davon veröffentlichten ... Davon bekam die ‚Washington Post‘ – wohl nicht zufällig – Wind, und der Skandal war perfekt. Die

Fotos zeigen das Paar inmitten der rund 300 geladenen Gäste auf dem Bankett zu Ehren des indischen Premiers Manmohan Singh. Das Weiße Haus räumte nach längerem Zögern schließlich kleinlaut ein, die Salahis hätten sich ungehindert unter ihnen bewegen können ... Bereitwillig posierte etwa Vizepräsident Joe Biden mit den Salahis, ebenso wie viele andere Toppolitiker, Wirtschaftsbosse und sonstige Prominenz. Auch Obamas Stabschef Rahm Emanuel hält sein Gesicht lächelnd in die Kamera – von den Salahis als ‚Ron Emanuel' identifiziert. Laut der ‚Washington Post' war das Husarenstück des Society-Pärchens eine Premiere – zumindest sei aus der jüngeren Geschichte der USA kein anderes Beispiel bekannt, bei dem sich jemand ungebeten zu einem Dinner im Weißen Haus Zutritt verschafft habe ... Der für Obamas Sicherheit zuständige Secret Service bestritt eine Gefährdungssituation, freilich mit recht schwachen Argumenten: Das Pärchen habe die Sicherheitsschleusen durchschritten, zudem seien während des Banketts Leibwächter im Dienst. Sprecher Ed Donovan räumte allerdings ein, dass es nach einer ersten Untersuchung einen Kontrollpunkt gegeben habe, ‚an dem nicht wie vorgeschrieben sichergestellt wurde, dass die beiden Personen auch auf der Liste der geladenen Gäste stehen'. Die Salahis haben jedenfalls nicht viel zu fürchten. Im Weißen Haus wurde eingeräumt, dass man ihnen allenfalls Hausfriedensbruch vorwerfen könne – jedoch auch das nur, wenn sie sich an den Sicherheitskontrollen vorbeigeschummelt haben sollten. Wenn das Paar jedoch bei einem Kontrollpunkt durchgewunken wurde, liegt aus juristischer Sicht gar kein Vergehen vor. Im Übrigen legte das Weiße Haus Wert auf die Feststellung, dass die beiden nichts gegessen hätten, weil an der Festtafel kein Platz für sie reserviert war."

Gut zu wissen!

Der europäische Tigermeister ist der deutsche Kfz-Meister Theo Brenig, über den schon am 15.06.1998 FOCUS-Autorin Kerstin Holzer u. a. schrieb:
„Theo Brenig prahlt nicht profan mit seinem Haus, seinem Boot, seinem Auto. Auf dem Wohnzimmersofa im moosgrünbeigen Blümchenmuster sitzend, schmettert der 56-Jährige eine Fotografie nach der anderen auf den Couchtisch wie andere die Trümpfe beim Skat. Prominenz strahlt in die Kamera: US-Präsident Bill Clinton, Queen Elizabeth, Bundeskanzler Helmut Kohl, Joschka Fischer, Showkönig Thomas Gottschalk usw. Immer mittenmang: Theo Brenig, Kfz-Meister aus dem Städtchen Bornheim-Brenig, zwischen Köln und Bonn am Rand der Eifel gelegen. Passionen sind eine mysteriöse Sache. Den graumelierten Rheinländer etwa zieht es seit 28 Jahren magnetisch zur Society. Ob auf Galaveranstaltungen, Pressebällen oder Wahlpartys: Brenig feiert mit. Das Fehlen einer Einladung hat sich für den engagierten Demokraten (‚Unter der Dusche sind wir alle nackt') noch nie als hinderlich erwiesen ... Die Chuzpe, mit der Theo Brenig etwa beim Staatsbesuch der englischen Königin im Brühler Schloss einen königlichen Händedruck ergatterte (‚Dat war die Krönung'), lässt Zaungäste schmunzeln und Sicherheitsbeamte erbeben ... Man habe die Lage zu jeder Zeit ‚im Griff' gehabt, so die Behörde etwas schmallippig ... Ihm selbst ist Angst vor peinlicher Enttarnung fremd: ‚Wenn Sie im Anzug und mit Handy am Kücheneingang stehen und fragen: Wo sind die Kollegen?', da hält Sie doch keiner von den Aushilfskellnern auf."

Und wenn man glaubt, dass sich seit 1998 bei Herrn Brenig etwas geändert hat, dann irrt man: Auch heute ist er noch forsch unterwegs und berichtet gerne in diversen Talk-Shows darüber.

Der lebende Tiger-Meister in Österreich ist vielleicht Dr. H., ein Mann über 60; drahtig und gar nicht dick, den Sie bei jedem Buffet antreffen. Ich dachte mir schon, dass er die Gabe der Trilokation beherrschen muss, denn man findet ihn überall. Sogar Glossen in Zeitschriften sind schon über ihn erschienen.

Wir begrüßen einander immer freundlich (obwohl er einmal festgestellt hat, als ich Herr H. zu ihm sagte: „Bitte Dr. H."). Unter Akademikern doch etwas unüblich. Schlagfertig ist er schon; als ich ihn wieder einmal grüßte: „Guten Abend, Doktor H. (ich ziehe das Doktor immer spitz in die Länge), Sie sind wohl überall", antwortete er: „Nun, Sie treffe ich ja auch dauernd". Das ist lange her, inzwischen gehen wir sehr freundschaftlich miteinander um und machen uns gegenseitig auf Veranstaltungen aufmerksam.

Ich selbst nähere mich dem Thema von zwei Seiten, einmal als Buffettiger und andererseits auch als – nebenberuflicher – Veranstalter wissenschaftlicher Workshops, bei denen auch Buffets offeriert werden (das bringt die Kenntnis von der Ausrichterseite her).

In diesem Buch habe ich die Erfahrungen aus Jahrzehnten „Buffettätigkeit" verarbeitet, aber natürlich nicht nur eigene Infos, sondern auch den reichhaltigen Schatz des Wissens anderer „Tiger", denen an dieser Stelle dafür herzlichst gedankt werden soll.

Das Buch soll aber nicht nur dazu dienen, Buffettigern zur Beute zu verhelfen, sondern es kann auch Veranstaltern nützen, die Denk- und Arbeitsweise von Buffettigern besser zu verstehen.

Selbstverständlich ist der Ausdruck Buffettiger geschlechtsneutral gemeint. Im Tierreich kennt man Tigermännchen und Tigerweibchen. Wenn auch in vielen Fällen die Tiger eher Herren sind, habe ich doch schon eine Menge weibliche Buffettiger kennen gelernt, die die Kunst beherrschen.

Praktisch ist natürlich in einer Partnerschaft, wenn beide irgendwie Tiger sind. Haben sie dann noch unterschiedliche Berufe, kommt schon etwas zusammen, denn begleiten kann man immer, die Dame den Herrn, der Herr die Dame (auch Herrn den Herrn und Dame die Dame). Und so verdoppeln sich die Einladungen.

Und man harmoniert auch, wenn man dann so gemeinsam tigern geht, in starken Zeiten doch so drei- bis viermal die Woche am Abend, bei der Möglichkeit der Einteilung der Tageszeit vielleicht auch noch einmal tagsüber. Und wer vielleicht Single ist, muss nur die Augen offen halten, allein stehende Tiger oder -innen gibt es immer wieder.

Ja, eine besondere Species! Der bekannte und leider auch viel zu früh verstorbene Kolumnist („Kopfstücke") und Kurier-Redakteur Herbert Hufnagl hat in seiner täglichen Kolumne ihr unter dem Titel „Promi – Orientierung" die folgenden Zeilen gewidmet: „Wir müssen einfach darauf warten, bis sich ein begabter Prominentenspross ... zu einer Doktorarbeit aufrafft. Titel: ‚Die tägliche Kleinhirnaktivierung zum Zwecke der Orientierung hinsichtlich Organisation und Koordination von Gratis-Essterminen sowie der Logistik von effizientem An- und Umziehen am Beispiel der Seitenblicke-Gesellschaft".

Nun, vielleicht braucht man wirklich eine Doktorarbeit, um der hehren Wissenschaft des Buffettigerns zum Durchbruch zu verhelfen; aber wir, die wir in den Niederungen des täglichen Kampfes um das Essen sind (was hat sich eigentlich seit der Steinzeit geändert? Man musste damals ums Essen kämpfen, es war gratis; nun ja, vielleicht war der Kampf etwas beschwerlicher), wissen schon, wie es geht, und Sie, geschätzter Leser, werden es nach dem letzten Kapitel dieses Buches auch wissen.

Zwei Bitten zum Ende des Vorwortes:

Eine Untersuchung in Wien hat ergeben, dass pro Jahr rund 70.000 Tonnen Lebensmittel, teilweise noch in der ungeöffneten Originalpackung, im Müll landen. Ein ethisch hoch stehender Buffettiger meldet sich zu einem Buffet nur an, wenn er wirklich hingeht und er nimmt sich nur das, was er dann isst. Meistens besteht die Möglichkeit, unbeschränkt oft zum Buffet zu gehen; also warum den Teller extrem anfüllen und dann vielleicht ungegessen stehen lassen.

Und wenn Sie aus dem noblen Veranstaltungssaal kommen, in dem Sie gerade ein fulminantes Gratisbuffet geschlemmt haben: Steht ein Bettler vor der Tür, weisen Sie ihn nicht ab, geben Sie ihm Almosen! Und seien Sie auch großzügig zu Garderobefrauen und -männern!

Typologie der Buffets

Man muss sich einmal über die verschiedenen Arten und Qualitäten eines Buffets klar werden. Wozu, wird der geschätzte Leser fragen. Nun, stellen Sie sich vor, Sie erhalten pro Jahr viele Dutzend Buffeteinladungen; dann müssen Sie ja werten, sichten, prüfen, evaluieren.

Achtung! Eine Warnung: Die folgenden wenigen Seiten sind langweilig, für eine systematische Befassung mit dem Thema aber unerlässlich. Man kann sie aber auch überspringen.

Manche Veranstaltungen sind jährlich wiederkehrend. Wenn nun zwei, drei oder vier Buffeteinladungen pro Tag auf Ihren Schreibtisch „flattern", dann geht die Selektion erst so richtig los und da ist es hilfreich, wenn Sie unter Umständen im Vornherein schon wissen, was kulinarisch auf Sie zukommen könnte.

Ich gliedere die Art des Buffets in vier Kategorien: A bis D. Innerhalb jeder Kategorie gibt es nun natürlich auch Qualitätsmerkmale, die numerisch von 1 bis 3 bewertet werden. Was bedeutet das nun in der Praxis?

Typ A:
Ein „gesetztes" Buffet, warm und kalt. Also, man sitzt an schön gedeckten Tischen, hat Messer, Gabel und Löffel zur Verfügung.

Es gibt die Speisen in Buffetform, aber man holt sich den jeweiligen Gang und isst ihn sitzend. Es kann auch durchaus vorkommen, dass nicht alle Gänge in Buffetform zur Verfügung stehen (also z. B. ein Vorspeisenbuffet, die Suppe von Kellnern serviert, die Hauptspeise in Buffetform oder ebenfalls serviert) und der Nachtisch wieder als Dessertbuffet. Ganz vornehm geht es zu, wenn z. B. beim Buffet Kellner warten und Köche bereitstehen. Sie sagen nur den Köchen, was Sie gerne haben möchten, diese geben es Ihnen auf die Teller und der bereitstehende Kellner begleitet Sie zum Tisch, um Ihnen den Teller vorzulegen.

Nun, werden Sie fragen, was bedeuten die Qualitätsstufen 1 bis 3? Das sind einfach die Abstufungen, die natürlich subjektiv zu sehen sind. Ein A1-Buffet ist das Non-plus-Ultra, das man nur sehr selten im Leben kredenzt bekommt. Das sind die Kaviarvorspeisen, die Hummer, die Austern und die edlen Wildfilets, die sagenhaft komponierten Speisen, die tollen Nachspeisen und Desserts, die warmen, flaumigen, mit den Früchten und Soßen usw. Ich kann mich noch gut an mein erstes A1-Buffet in meinem Leben erinnern, es war 1987 und ich war damals auch schon über 35 Jahre alt. Es war eine internationale Tagung in Wien und der besondere „Gag“ war, dass der Hauptsponsor Honda durch seinen Vorsitzenden Mr. Honda (ja, der berühmte!) persönlich vertreten war. Am Abend, beim Galaempfang in den Festsälen des Palais Schwarzenberg in Wien, saß Mr. Honda auf einem kleinen Goldsessel, und mit asiatischer Höflichkeit schüttelte er jedem von uns die Hand, der wir in einer langen Reihe vorbeidefilierten. Natürlich die Herren in Smoking, die Damen in großem Abendkleid, und das Buffet, das Buffet! Ein wahres A1-Buffet. An die Speisenfolge erinnere ich mich nicht mehr im Detail, aber es war extravagant und überragend, nicht nur in der Auswahl, sondern auch in der Qualität. Musik spielte dazu, eine Sängerin gab noch einige Opernarien zum Besten; die Festräume im alten Palais glänzten im Schein unzähliger Kerzen. Ich hatte also mehr als eineinhalb Jahrzehnte gebraucht, um zum ersten A1-Buffet meines Lebens zu kommen.

A2 und A3 sind dann eben bescheidenere Ausführungen des A-Typus, also schon kalt und warm und auch gesetzt, aber ein A3-Buffet wäre z. B. die rustikale Bescheidenheitsvariante: als Vorspeise eine Platte mit deftigen Wurstsorten, könnte auch eine kleine Schlachtplatte sein; dann eine oder keine Suppe und als Hauptspeise etwa z. B. zwei Kessel, sagen wir, mit Szegediner-Gulyas und mit einem anderen Saftgericht (sind alles Horrorvorstellungen bezüglich Krawatten – die chemischen Putzereien werden es mir danken). Als Nachspeise z. B. Apfel- und Topfenstrudel. Alles sauber und ordentlich gekocht, warm und kalt, aber halt etwas bescheidener.

Das Typ-B-Buffet ist ein im Prinzip kaltes Buffet auf Platten, das meistens zweigängig ist (also der Hauptteil und dann ein Dessertteil). Natürlich können auch warme Sachen dabei sein, aber das ist nicht als Hauptgang zu verstehen, sondern additiv zum kalten. Also, schauen wir uns beispielsweise große Platten an, auf denen liegen verschiedene Schinken und Räucherlachs, Schinkenrollen und russische Eier, Gemüsesalate, Entenbrust und kleine Filetstücke, Muscheln und Crevetten, Matjes und Salate. Dazu in großen warmgehaltenen Pfannen kleine Schnitzelchen, mit Speck umwickelte Zwetschken (Pflaumen), gegrillte Fleischstücke, vielleicht auf kleinen Spießen oder mehr in

Wok-Form mit Gemüse; vielleicht überhaupt auch etwas Vegetarisches, kleines gebackenes Gemüse oder etwas Käse gebacken, kann auch noch Fisch dabei sein und vieles mehr. Kennzeichen dieses Buffets ist, dass man zum Essen eine Gabel braucht, aber kein Messer und keinen Löffel. Es gibt daher auch keine Suppe. Ausnahme wäre, wenn Kaffeetassen als Suppentassen mit kleinen Löffeln gesondert zur Verfügung stehen.

Man nimmt das Essen auf den Teller hinauf und isst mit der Gabel. Ganz katastrophal wird es, wenn plötzlich komplizierte Speisen offeriert werden (essen Sie einmal eine kleine Wachtel – dieser kleine stets kniende Vogel – auf dieser Basis oder einen grätenreichen Fisch, kleine nicht ausgelöste Kotelette oder extrem lange Fadennudeln). Da man meistens keinen Tisch zur Verfügung hat, muss man mit einer Hand den Teller halten und mit der anderen die Gabel. Für einen Kotelettknochen fehlt die dritte Hand. Ich möchte auf das spezielle Kapitel verweisen, in dem ich ein paar Tricks geben möchte, wie man die dritte erforderliche Hand substituieren kann.

Ich glaube, die Unterteilung in 1 bis 3 kann ich mir ersparen, Sie verstehen, was ich meine.

Der Typ C ist der klassische Sandwichtyp. Das heißt, Brote in verschiedenster Art, das kann von den kleinen Dukaten (von denen ein echter Buffettiger schon einmal so 100 an einem Abend verspeist) bis hin zu großen rustikalen Schwarzbroten, dick und fett belegt, reichen, von denen schon zwei bis drei zur völligen Sättigung genügen. Warme Sachen gibt es meistens keine, wenn sie wider Erwarten doch vorhanden sind, ist die Auswahl gering und meistens auch die Menge. Es könnten z. B. Schinkenkipferl sein oder kleine Mini-Pizzen, Minispieße oder kleine Quiches usw. Die Güteklasse 1 bis 3 ist umgekehrt proportional zur Majonäsemenge, je höher die Qualität, desto belegter und weniger Majonäse; ein C3-Buffet ist fettreich und eigentlich grauslich.

In letzter Zeit fällt in diesen Buffettyp auch das Suppenbuffet. Im Prinzip wäre das eine nette und für den Veranstalter kostensparende Alternative, ein warmes Essen zu servieren. Ich würde es zwar unter C3 einreihen, aber wenn die Suppen gut sind und noch verschiedene Suppeneinlagen geboten werden, könnte man es schon auf C2 setzen. Es muss ja nicht unbedingt so sein wie unlängst, als ich bei einer Vernissage eingeladen war und der Veranstalter am Ende seiner Rede die Eröffnung des Suppenbuffets ankündigte, und zwar mit einer „Borscht"-Suppe. Diese war nämlich noch gar nicht serviert und als es sie dann endlich gab, einfach ungenießbar.

Das lustigste C-Klasse-Sandwich-Buffet hatte ich einmal, und das ging so: Ein erstklassiges, üppiges Sandwichbuffet, das nur den einen Nachteil hatte, dass die 500 Sandwichs von einem einzigen Typ waren. Nun, mehr als drei pro Person wollte man da auch nicht.

Was, werden Sie nun fragen, ist der Typ D? Das ist alles, was unter der Klasse C liegt. Also – wie ich vor kurzer Zeit erlebt habe – ein riesiges Buffet mit großen Silberplatten, auf denen aber ausschließlich Nüsse, Erdnussflocken, Salzstangerln usw. lagen. Das würde ich als D2 einreihen, D1 wäre etwas besser (es könnten z. B. noch ein paar rustikale Salzstangerln mit Salami dabei sein); und D3 ist überhaupt kein Essen, nur Getränke. Oder, was ein großer Industriekonzern unlängst seinen 500 Gästen offerierte: Getränke, vor allem fassgezapftes Bier, und frisch gebackene Brezeln.

Aber, werden Sie fragen, gibt es auch einen Typ E? Mir war er nie geläufig, aber ein lieber, inzwischen verstorbener älterer Bekannter erzählte mir von einem solchen. Er kam zu einer Veranstaltung, das wenig Essbare war schon weg, es gab noch einiges in Flaschen zum Trinken, doch keine Gläser mehr. Eine Mitarbeiterin des Veranstalters merkte an: „Nehmen Sie sich irgendein Glas und dieses können Sie ja im Vorraum zum WC auswaschen!" Das kann nur „E" sein.

Eine Praxisanwendung, das Sortieren der Einladungen

Stellen Sie sich vor, Sie haben es schon etwas weitergebracht und sind schon ein Buffettiger-Eleve im 5. Jahr. Dann müssen Sie damit rechnen, dass Sie in den 9 Monaten der Saison (das Buffetjahr hat leider nur etwa 9 Monate) einige Hundert Einladungen bekommen. Bedauerlicherweise verteilen sich diese auf jeweils 3 Tage. Der Montag ist unbeliebt, die Geschäftswoche hat wieder begonnen, kaum jemand hat Zeit; der Freitag geht nicht, da die Leute in ihre Zweitwohnsitze und Feriendomizile fahren; Gleiches gilt für Samstag und Sonntag. Bleiben also drei Tage: Dienstag, Mittwoch, Donnerstag. Ausnahmen gibt's natürlich; so sind kulturelle Events öfters auch am Wochenende und es gibt natürlich auch Veranstaltungen im Sommer usw.

Aber mehr als 100 bis 120 Buffets pro Jahr werden Sie nicht schaffen. Was ist, wenn Sie nun 300 Einladungen erhalten: Hier heißt es sichten, in ebenfalls 4 Kategorien (das alte „Kleeblatt" hatte schon seinen Sinn in der Mathematik):

Fall 1:

ein interessantes Thema und voraussichtlich ein gutes Buffet

Fall 2:

ein langweiliges Thema und voraussichtlich ein gutes Buffet

Fall 3:

ein interessantes Thema und kein oder ein schlechtes Buffet

Fall 4:

ein langweiliges Thema und kein oder ein schlechtes Buffet

Ganz einfach: Fall 1 ein Pflichttermin, Fall 4 in den Papierkorb; Fälle 2 und 3 gegeneinander abwägen, je nach Zeitbudget und Laune.

Und für diese Evaluierung brauchen Sie natürlich die Kategorien von A bis D. Bewerten heißt die Devise!

Wohin geht nun der Buffettrend? Christoph Bauer, Geschäftsführer einer Catering-Firma, sagt dazu im „GASTRO 12/2010“-Interview: „Das klassische Buffet verliert an Boden. Im Business-Bereich werden walking-dinner (Teller und Schälchengerichte im Stehen serviert) weiter zunehmen und für exklusive Veranstaltungen tritt wieder das Galadinner an erste Stelle.“

Nun ja, das klingt nicht so positiv, aber auch gereichte Stehbuffets haben Vorteile, wenn die Zahl der „Schälchen“ ausreichend ist.

Lustige Buffeterlebnisse

Es war eines meiner ersten Buffets als „Alleingeher“; ein extrem heißer Sommertag und eine Spedition hatte in das damals im Wiener Schweizergarten (3. Bezirk) gelegene Museum moderner Kunst geladen („20er-Haus“, heute: „21er-Haus“). Heiß und lange Reden; endlich Buffet. Ich sehe Himbeersaft mit Soda und schütte ein Glas hinunter. Leider war es Campari-Soda, ein mir heute noch verhasstes Getränk.

Ein Rathaus; ein großer internationaler Sachverständigenkongress. Viele Reden, sehr feierlich. Endlich Buffeteröffnung. Mir fällt auf: Da ist nicht so viel da. Daher muss es schnell gehen und viele Köstlichkeiten landen auf meinem Teller. Ein oder zwei Minuten später ist das Buffet leer, aber absolut leer. Meine diskrete Nachfrage bringt es an den Tag: Durch einen Übermittlungsfehler wurde ein großzügiges Buffet für 150 Personen aufgebaut, gemeldet waren aber 450. Es gab natürlich nichts mehr nach.

Eine Abwandlung kleineren Stils erlebte ich bei einem Medienkongress vor einiger Zeit: Der Veranstalter war knapp bei Geld, hatte aber eine Bäckerei als Sponsor. So – in Abwandlung eines Bibelwortes –, der Veranstalter sättigte uns mit Gulyas für 5, Schinken für 20 und Brot für 100 Personen.

Österreichisches Parlament. Der 70. Geburtstag des bekannten sozialistischen Politikers und Experten Dr. J. Festliche Veranstaltung, wobei mir auffällt, dass etliche Orden vergeben werden, samt Würdigungen, und ich wunderte mich, wie das mit einem 70. Geburtstag zusammenhängt. Dazu noch die Grundtendenz der Reden: eher konservativ. Nun des Rätsels Lösung, zwei Veranstaltungen im selben Gebäude, ich im falschen Saal mit Würdigung konservativer Abgeordneter, kaum etwas zu essen, und das Buffet der Sozialisten: leergemampft.

Von Veranstalterseite noch ein – letztlich lustiges –, aber anfangs doch schockierendes Buffeterlebnis: Ich hatte einen Workshop zu organisieren, gediegen im kleinen Kreis, der Festredner ein ehemaliger Vizekanzler und später hoher EU-Funktionär, ausländische Minister, Honoratioren usw. Natürlich wurde das Buffet bei einer ortsansässigen, für Jahrzehnte exquisiter Buffetköstlichkeiten bekannten Firma geordert. Das aber nicht „locker", sondern durch detaillierte Verträge, wobei für die ganze Veranstaltung ein sogenanntes „Drehbuch" (ein detailliertes Ablaufschema) formuliert worden war. Für 12 Uhr mittags ein B1-Buffet mit kalten Vorspeisen, warmen Hauptspeisen, Süßspeisen und Käse. Köstlich und gut sollte es sein. Um 12.01 Uhr war die Vormittagssession zu Ende, die Personen strömten in den Buffetraum. Dort stand ein Tischchen ohne Tischtuch, eine Flasche Mineral und sonst gar nichts. Das Buffet wurde erst aufgebaut und natürlich aus Zeitgründen kaum genossen. Und was das Witzigste war, der Geschäftsführer drohte noch mit Klage, als ihm der Lohn verweigert wurde. Letztendlich hat er aber doch die Klage gescheut; denn wäre der Fall publik geworden, hätten viele Konkurrenten schadenfroh gelacht.

Sehr skurril auch ein großes Wirtschaftsbuffet, bei dem eine österreichische (oder nun deutsche?) Fluglinie sowohl als Sponsor als auch als Caterer aufgetreten war (Niki war es nicht, weil ... „glauben Sie, ich habe etwas zu verschenken?"). Das ganze Essen war in Bordwägelchen verstaut und nette Flight-Attendents verteilten Unmengen von kleinen Schälchen und Tellerchen aus diesen Boxen. Der ganze Saal war sozusagen im Flug, außer dass wir uns nicht bewegten (nur zum Schluss, bei einigen Teilnehmern hat sich vielleicht dann doch der Boden bewegt, aber das ist eine andere Geschichte).

Ein lustiges Buffeterlebnis, zum Abschluss, wenn auch nicht bei einem Einladungsbuffet, erlebte ich in Bratislava. In einem 5-Stern-Hotel der slowakischen Hauptstadt habe ich mir anlässlich eines geschäftlichen Aufenthaltes das Frühstücksbuffet so richtig gemütlich gemacht. Alles hingeräumt, warme und kalte Sachen, Müsli, Obst, verschiedenes Gebäck u.v.m. Plötzlich bemerkt, es fehlt der Orangensaft. Schnell zum Buffet, für ein Glas. Zurückgekehrt war in dieser kurzen Zeitspanne mein gesamtes, unverbrauchtes Morgenmahl von eilfertigem Servierpersonal abgeräumt worden.

Und jetzt ganz zum Schluss aktuell: Da war ich doch bei einer ländlichen Kulturveranstaltung. Bürgermeister bedankt sich bei Sponsoren und Helfern. Schluss der Worte. Auf der Seite geht ein Vorhang auf; Sandwichbuffet und Getränke serviert von netten Damen, die helfen. Ich entscheide mich für ein Lachs- und ein Schinkensandwich sowie Mineralwasser. Ich sage Danke und die Dame sagt: „Jetzt bekomme ich noch 6,80 €." Auch nach 40 Jahren Buffettigern ist man noch überrascht!

Der Wert der Veranstaltung

Man fragt sich natürlich, welchen Gegenwert man sozusagen als Buffettiger erhält. Neben dem nicht bewertbaren ideellen Wert einer gelungenen Veranstaltung hat natürlich das Essen auch einen gewissen Wert, sozusagen im ersparten Mittag- oder Abendessen. Auch die Köstlichkeiten, die gereicht werden, haben einen Gegenwert. Leider sagen uns die Veranstalter nicht, was sie dafür bezahlt haben, daher ist es schwer, finanzielle Zahlen nennen zu können.

Glücklicherweise gibt es hartnäckige Abgeordnete, die ihr Fragerecht im Parlament ausnützen und Institutionen zumindest bei öffentlichen Ausgaben Farbe bekennen müssen. So berichteten im März 2011 mehrere österreichische Zeitungen von einer parlamentarischen Anfrage an das Bundeskanzleramt bezüglich Neujahrsempfang 2011 für 1.600 Gäste. Essen und Trinken kostete 41.000 €, also durchaus übliche rund 26 € pro Gast; allerdings machten die Gesamtkosten inkl. Essen und Trinken, die sich Kanzleramt und Finanzministerium brüderlich großkoalitionär teilten, 110.000 € aus, also inklusive Druck und Versand der Einladungskarten, externes Personal, interne Kosten, Dekoration usw., also doch stolze 69 € pro Person, was der „alten Faustregel" des „Tausender" pro Person (in österreichischen Schilling gerechnet) doch sehr nahe kommt.

Natürlich stellt sich auch die Frage, was bekommt man um die 26 €; ist überhaupt genug da? Ich selbst, der auch gerne kocht und manchmal Buffets im kleinen Freundeskreis ausrichtet, habe eine Faustregel, die sich immer bewährt: Ab 10 Personen rechne ich für das gesamte Essen, ganz gleich ob Fleisch oder Fisch, Beilagen, Salat, Desserts usw. das Gewichtsmaß von 250 g pro Person. Das passt immer.

Aber bei großen Buffets, wie viele „Häppchen" soll man da rechnen? Cateringfirmen wissen das, aber manchmal wollen sie einfach etwas mehr verkaufen. Welche Erfahrungen gibt es da? Glücklicherweise gab es da im April 2011 diese Hochzeit in London (im kleinen Familienkreis), als ein gewisser Herr William Wales eine gewisse Frau Kate Middleton heiratete. Und die Oma, von Beruf zufällig Queen, gab ein kleines Nachmittagsjauserl für geladene 650 Gäste, wobei 21 Köche 10.000 Häppchen (Krabbensalat auf Zitronenblini, Ententerrine mit Fruchtchutney, Wachteleier mit Selleriesalz und Yorkshire Pudding mit Rind und Kren; für deutsche Leser: Meerrettich) bereiteten, also – wir lernen – 15 Stück pro Person. Das kann schon stimmen, wenn auch geeichte Buffettiger (auch ich früher) locker 100 Häppchen pro Person bei so einer Art von Empfang verdrückten, aber wir wissen, Damen möchten schlank bleiben, manche Herren auch, und bei einem Empfang der Queen kann man nicht so mampfen.

Als Veranstalter habe ich es mir zur Regel gemacht, nach dem Motto „nicht jeder Angemeldete kommt, manche Nichtangemeldete (siehe nächste Kapitel) kommen noch dazu, manche gehen aber schon vor dem Buffet, manche haben keinen Hunger usw.", grundsätzlich ein Buffet für minus 20 Prozent der Personen zu bestellen, also z. B. bei 102 angemeldeten Gästen ein Buffet für 80 Personen (mehr als 80 Teller und Bestecke bringt die Cateringfirma ohnehin mit). Sonst bleibt zu viel übrig, was schade wäre.

Wie kommt man nun in die Veranstaltung hinein?

Da gibt's eigentlich nur drei Möglichkeiten: Eingeladen, ganz offiziell; irgendwie eingeladen mit Trick oder als uneingeladener Blitzer.

Eingeladen?

Wirklich eingeladen

Das ist natürlich die stressfreieste und eleganteste Methode. Nur erfordert sie langjährige Handlungsweisen. Grundsätzlich muss man für alles Interesse zeigen, nach Möglichkeit jede Gelegenheit nutzen, irgendwo hinzugehen. Das können z. B. auch Veranstaltungen einzelner Zeitungen sei, die öffentlich ausgeschrieben sind. Ganz wichtig ist, dass man versuchen sollte, sei es durch Beantworten des Anmeldekupons oder wie auch immer, auf die jeweilige, sogenannte Postliste zu kommen. Da ich selbst nicht nur als Buffettiger hobbymäßig damit zu tun, sondern beruflich auch immer wieder Veranstaltungen selbst zu organisieren habe, können Sie mir glauben: Es gibt keine zentrale Postliste in irgendeinem Land oder in einer Organisation. Daher ist es wichtig, möglichst viele „Spuren" in Form einer Anmeldung zu hinterlassen. Das gilt auch im Computerzeitalter: Dann ist die Postliste halt eine Computerdatei, aber im Prinzip immer dasselbe.

Gut ist auch, wenn man per Zufall oder wie auch immer zu einer Einzelveranstaltung gekommen ist, sich das Sekretariat der jeweiligen Veranstaltung herauszupicken und einfach schwärmerisch zu fragen: „Ich war gestern bei dieser von Ihnen exzellent vorbereiteten Diskussionsveranstaltung/Vernissage/Lesung usw. ... und möchte gerne fragen, ob Sie öfters so etwas veranstalten. Wenn ja, wäre ich dankbar, auf die Postliste gesetzt zu werden."

Für so ein Ansuchen ist natürlich eine etwas gepflegte Ausdrucksweise hilfreich, wer sie hat, hat sie, und wer nicht, dem empfehle ich einen Kurs in Umgangsformen etwa in der Volkshochschule oder bei einer anderen Bildungseinrichtung. Nicht schlecht ist auch ein akademischer Grad, aber haben wir kein falsches Standesdünkel: Er ist nicht unbedingt erforderlich.

Etwas heikel kann die Zeile „Firma" auf manchen Anmeldeformularen sein. Wenn Ihr Dienstgeber halbwegs dekorativ ist oder zumindest nicht zu bekannt, tragen sie ihn ruhig ein, aber als Zusendeadresse nach Möglichkeit immer die Privatadresse. Damit bekommen Sie auch in Zukunft alle Einladungen direkt.

Das Weglassen der Zeile ist nicht empfehlenswert, das klingt nach Student, Hausfrau oder Rentner (man muss offen sagen: leider keine ansprechende Zielgruppe). Gehören Sie zu dieser Gruppe, versuchen Sie, etwa im Freundeskreis, die Erlaubnis zu bekommen, eine tatsächliche Organisation als „Deckbezeichnung" benützen zu dürfen. Dazu gehört auch manchmal die „Funktionsbezeichnung".

Ein Beispiel zum Verständnis: Frau Elfriede Brohm ohne Funktionsbezeichnung und ohne Firma klingt mickrig, Frau Elfriede Brohm, Organisationsreferentin der Rechtsanwaltskanzlei Huber, Mayer und Müller schon viel ordentlicher. Und als Rücktelefonnummer immer nur das eigene Mobiltelefon. Keine Sekretärin wird überfleißig sein und die Telefonnummer von Huber, Mayer und Müller im Telefonbuch nachsehen, wenn auf der Anmeldung ohnehin eine Rücktelefonnummer steht. Aber Achtung! Flunkern kann man nur zu 20 Prozent, 80 Prozent sollten echt sein, d. h. in so einem Fall muss auch z. B. der Seniorchef Dr. Huber Sie wirklich kennen, denn die Welt ist klein und es kann durchaus passieren, dass Sie plötzlich bei einem Empfang auf einen Organisator stoßen, der Sie anspricht und sagt: „Wie geht's dem alten Huber? Ich habe bei ihm einmal als Konzipient gearbeitet; hat er noch seine Yacht?" Da müssen Sie schon firm sein und den Huber wirklich kennen und er Sie auch!

Als Journalist aufzutreten, kann bei Pressekonferenzen hilfreich sein; sollte aber immer auf Wahrheit oder zumindest auf einer gewissen Wahrheit beruhen, Sie müssen daher wenigstens freier, ganz freier Mitarbeiter bei einem z. B. im „Handbuch der Presse" vorkommenden Printprodukt sein. Die Pressereferenten der Firmen und Organisationen kennen die Branche oder Medien sehr gut und daher hat volles Flunkern (Sie kennen die Redaktion nur straßenseitig von außen) keinen Sinn. Allerdings sind bedeutungslose Journalisten auch nicht ganz so verpönt, wie man glaubt: Durch die sehr große Anzahl an Pressekonferenzen ist die Zahl der richtigen, wichtigen Journalisten manchmal recht klein (ich habe schon hochrangigste Politpressekonferenzen mit 5 bis 6 Journalisten erlebt). Da ist der Veranstalter oft nicht unfroh, wenn Pseudojournalisten die Präsenz ein wenig auffetten. Nur ordentlich sollen sie sein, nicht auffallen und wenig dumme Fragen stellen.

Manchmal kann man auch mit einer Redaktion zu einem Arrangement kommen, da Redaktionen oft mehr Einladungen bekommen, als sie Leute haben, und ihre Mitarbeiter nicht überall hinschicken, weil es ja Arbeitszeit und daher Lohn kostet. Ich war jahrelang der „Golfredakteur" einer Reisezeitschrift; unbezahlt, wollte auch kein Geld, da ich dieses hätte versteuern müssen; im Sinne eines Gentlemen Agreement bekam ich aber alle Golfeinladungen auf den Tisch. Wie sah das aus? Ich nahm z. B. an einer fünftägigen Golfsafari mit Golfspielen, Hauben-Essen und 5-Stern-Hotel teil und schrieb dann einen Einspalter mit 50 Zeilen. Und das war's. Leider ist die Zeitschrift nach einigen Jahren eingegangen, aber nicht aus Schuld der Golfseite.

Wie gesagt, das Geheimrezept heißt Interesse haben, immer freundlich sein, immer nett (denken Sie an das Lied von Georg Danzer „Sei immer höflich ..."). Stets auffallen, aber nur positiv. Also in der Diskussion nur eine „Verständnisfrage" stellen, keine langen Co-Referate, keine umfangreichen Fragenkomplexe; nur ja nicht aufhalten; es wollen doch alle wie Sie zum Buffet. Aber nicht nur „Mauserl" spielen, man muss Sie auch ein wenig kennen lernen.

„Verständnisfragen" sind immer einfach: Nehmen Sie irgendetwas, das sie gut verstanden haben (etwa im Vortrag), und fragen Sie kurz etwas in die Tiefe, das Sie schon wissen; der Vortragende wird es ebenfalls kurz anreißen und Sie geben sich keine Blöße.

Man kann auch durchaus ehrlich sein und von den Veranstaltungen schwärmen und offiziell in einem Schreiben um Aufnahme in die Postliste bitten. Mein Hattrick spielte sich bei einer großen österreichischen Bank ab: Ich war dort über 30 Jahre Kunde mit einem kleinen Konto nur, aber trotzdem, und bin kein einziges Mal bei den sehr interessanten Kulturveranstaltungen eingeladen gewesen. Dann habe ich im Zuge einer Kontenbereinigung meine Geschäftsbeziehung beendet und das Konto gelöscht. Drei Monate später habe ich einen „Über-drüber-Lob-Brief" geschrieben und um Aufnahme in die Postliste gebeten. Seither werde ich als Nichtkunde zu interessanten Veranstaltungen eingeladen, selbstverständlich mit einem ansprechenden Buffet.

Sehr wichtig sind auch Mitgliedschaften in bekannten kulturellen oder wissenschaftlichen Organisationen. Das kostet zwar pro Jahr einen gewissen Mitgliedsbeitrag, hat aber den Vorteil, dass Ihre Adresse dann auch von befreundeten Organisationen weiter verwendet wird; d. h. es wird das Angebot immer breiter und breiter. Auch sportive Vereinigungen können etwas bringen, politische mehr für den Geist und weniger fürs Buffet.

Politische Organisationen sind eben nicht so vorteilhaft; man bekommt dann zwar eine Menge Einladungen zu Lesungen und politischen Vorträgen, aber politische Buffets, von wenigen Ausnahmen abgesehen, sind mickrig. Und beim Kanzlerfest oder wie immer es nach politischer Ausrichtung heißt, zu dem manchmal einige Tausend Leute kommen, sind Sie in der Grundstufe des Buffettigerns ohnehin nicht dabei.

Ausnahme von dieser Regel sind Vorwahlzeiten und die gibt es immer (Beispiel Österreich: Nationalratswahlen, Bundespräsidentenwahlen, Gemeinderatswahlen, Landtagswahlen, EU-Wahlen, Wirtschaftskammerwahlen, Arbeiterkammerwahlen usw.). Da fällt schon manche Veranstaltung mit Buffet ab. Schauen Sie halt, dass Sie immer die passende Krawatte – oder als Dame – das farblich passende Halstuch haben.

Besonders gut ist eben der Vorwahlkampf und insbesondere dann, wenn die Mehrheiten knapp sind oder in Gefahr: Da gibt's dann schon tolle Einladungen in die Eden-Bar mit Champus und Kanapees oder interessante Dach-Suiten-Empfänge.

Checken Sie aber, ob all das wirklich etwas gebracht hat, und überprüfen Sie alle 5 Jahre Ihre sämtlichen Mitgliedschaften im Sinne einer Kosten-Nutzen-Analyse. Charity-Veranstaltungen können Sie vergessen, die kosten nur Geld und auch das Buffet ist entweder mickrig oder so übertoll, dass Sie wirklich viel Charity ausgeben müssen (oder wollen Sie für ein Traumessen zu zweit 1.000 € für einen Abend ausgeben?). Wenn Sie wirklich was spenden wollen, dann werfen Sie Ihr Geld sonntäglich in den Klingelbeutel („Kollekte" – falls Sie in die Kirche gehen), und wenn nicht, sonst wo in eine Spendenbox (von Rotem Kreuz bis Greenpeace); oder überweisen Sie, weil das ist ja jetzt von der Steuer absetzbar.

Sehr gut sind aber immer Preisverleihungen: Der Veranstalter braucht einen vollen Saal für den Sponsor und ist daher großzügig mit den Anwesenheiten, die Stimmung ist positiv und gelockert, es gibt nur wohlwollende Reden, keine Diskussion oder dumme Fragen und das Buffet des Sponsors ist auch vielversprechend. Da war ich doch unlängst bei einer Medienpreisverleihung. Die Ausgezeichnete bekam 5.000 € und eine Urkunde, die übrigen Teilnehmer nichts und das Ganze hat mit internationaler Jury (samt Flug- und Aufenthaltskosten), Veröffentlichung der besten Beiträge in einer Broschüre, fulminantem Schlussabend sowie Gesamtgestaltung durch Grafiker und PR-Agentur sicherlich das Zehnfache vom Preis gekostet. Dafür war's dann auch „international“, samt pensioniertem ausländischem Staatspräsidenten als Ehrengast.

Zusammenfassend heißt das, in Neudeutsch abgefasst, schaffen Sie sich virtuelle Netzwerke; d. h. Ihre Adresse muss sich spinnenartig über die Postlisten weben, und weil wir gerade beim Web sind: das geht natürlich nicht nur postalisch, sondern auch per E-Mail.

Dabei aber wichtig: Ziehen Sie nicht um, verändern Sie Ihre Adresse nicht und schon gar nicht Ihre E-Mail-Adresse. Sie sind nicht in der Lage, alle zu verständigen und viele Einladungen gehen dann verloren. Und die Postnachsendung ist in der Zeit der Postprivatisierung oftmals nicht einmal das Katalogpapier wert, auf dem sie beschrieben ist.

Wie sich Facebook für den Tiger auswirkt oder auswirken wird, kann ich noch nicht sagen. Eine Möglichkeit wäre es schon im Sinne der Vernetzung.

Agreement mit der Firma

Nicht zu unterschätzen sind auch Agreements mit der Firma, bei der Sie angestellt sind. Man würde gar nicht glauben, was in manchen Branchen tagtäglich mit der Post hereinkommt und auf dem Chefschreibtisch landet. Die Chefs sind aber oftmals überlastet, haben keine Zeit, sind vielleicht schon älter, auf Diät, oder bekommen drei, vier Einladungen für denselben Abend.

Chefs sind auch immer knauserig und daher glücklich, Benefits verteilen zu können, die sie nichts kosten. Wenn nun einmal so ein AT (außertourliches Avancement oder wie immer es in Ihrem Berufsfeld heißt) vor der Tür steht und der Chef drückt herum, weil er weiß, es ist was fällig, aber er möchte wenig Geld ausgeben, so machen Sie ihm den Vorschlag „Lieber Chef, geben Sie mir all die Einladungen, auf die Sie nicht gehen" und wir vergessen die Lohnerhöhung. Der Chef wird froh sein und Sie erhalten einen – steuerfreien – Gegenwert, der mehr ist als das bisschen Netto, das Sie erhalten hätten.

Manchmal hat man natürlich Pech und gerät an einen etwas eingebildeten Chef, der meint, das sind alles „Chefeinladungen", und wenn er nicht hingeht, darf auch sonst niemand hingehen. Da auch mein Rat: Versuchen Sie, legal, nicht durch Hineinschwindeln, sondern durch das Erlangen einer Einladung zu drei oder vier Veranstaltungen zu kommen, von denen Sie wissen, dass der Chef auch da ist. Sagen Sie ihm nichts und begrüßen Sie ihn dort freundlich. Er wird merken, Sie sind ohne sein Zutun auf Chefniveau und wird Ihrem Vorschlag – nach einer gewissen Wartezeit – eher näher treten. Natürlich können

Sie auch ohne Ihre Diensteinladungen sich „hinauftigern", aber „mit" ist es doch bedeutend angenehmer.

Vier Nebentricks seien auch noch erwähnt:

Informationen mitnehmen

Bei sehr vielen Veranstaltern liegen Informationen auf, die man anlässlich eines Besuches auch mitnehmen kann. Oft sind damit auch bereits Einladungen für nächste Aktivitäten verbunden. Damit kann man sich seinem Ziel näher bringen, auf die Postliste zu gelangen.

Ganz wichtig ist es, zu interessanten Veranstaltungs-Serien zu kommen. Manchmal pflegen Vorsitzende am Ende einer Veranstaltung schon zur nächsten einzuladen, ein wahres Vergnügen für Buffettiger mit ausgeprägter Kalenderpräzision. Auch haben Serien den Vorteil, dass das Buffet von vornherein abgeschätzt werden kann, einmal gut heißt in der Regel immer gut. Dabei muss man sich aber eines ausgeprägten Kontrollsystems befleißigen, denn im Überschwang langfristig angekündigte Termine müssen nicht immer stimmen.

Die lustigste Variante ist der „Schaukasten". So kenne ich einen Veranstalter mit eigenem Palais, der alle Veranstaltungs-Ankündigungen grundsätzlich voller Stolz unten beim Eingang in den Schaukasten hängt. Was will man mehr? Locker aufgetreten (man kennt ja die Örtlichkeit und weiß den Termin) und schon ist das Buffet gesichert. Leider, um bei diesem Fall zu bleiben, ist es im Laufe der Jahre von B1 auf C2 gesunken. Vermutlich gibt

Einladung
Einladung
Einladung
Einla
EINLADUNG
Einlad
Einladung

es zu wenig echte Mitglieder und zu viele Gratisblitzer. Eine Abwandlung davon ist das Wandern zu bekannten Bankpalais und dergleichen um ca. 18.30 Uhr an Dienstagen bis Donnerstagen. Da ist fast immer was los. Ja nur nicht zögerlich auftreten und am besten, man kennt die Örtlichkeit.

Suchen im Internet

Eine moderne Form der Buffetsuche stellt das Internet dar. Sie würden sich wundern, wie viele Einladungs-Faksimile Sie in einer populären Suchmaschine (wie etwa Google) finden, wenn Sie Stadt, Tag und das „Reizwort" eingeben. Letzteres besteht natürlich aus verschiedenen Möglichkeiten wie Buffet, Erfrischung oder Erfrischungen, Empfang, Cocktail, seit neuestem auch Networking usw. Auch beim Datum muss man vorsichtig sein, es kann in vielen Weisen (mit ausgeschriebenen Monatsnamen oder als Zahlenkombination) vorliegen.

Ganz toll sind Veranstaltungsprogramme z. B. mancher öffentlicher Stellen wie Ministerien, bei denen nicht nur das Buffet angeführt ist, sondern man sogar die Suche auf „Veranstaltung – kostenlos" einschränken kann.

Die Aktie

Lustig ist auch, zugehörige Ess-Aktien zu besitzen. Leider kostet das Kaufen kleinerer Positionen durch das Spesenminimum zu viel und so ist diese Methode ins Hintertreffen geraten. In meiner Studentenzeit hatte ich von allen namhaften Genussproduzenten (Sekt, Lebensmittel usw.) jeweils eine Aktie und ging – mehr Freizeit habend – jeweils zu den Hauptversammlungen. Das war fachlich interessant und hinterher gab es neben der bei *einer* Aktie meist mickrigen Dividende ein opulentes Mittagessen und ein „Abschiedsgeschenk". In den goldenen Zeiten der 70er-Jahre, als bei Hauptversammlungen noch kaum Publikum anwesend war, war einerseits die Hauptversammlung zu Mittag fertig und die Aktionäre andererseits auch fürstlich beschenkt (z. B. ein Lebensmittel-Geschenkkorb). Die „Naturaldividende" war oft das Hundertfache der echten. Doch wie gesagt, heute kommt man kaum mehr spesenmäßig billig zu Aktien kleinerer Stückelung, die Hauptversammlungen dauern oft den ganzen Tag (es wird so viel Unerfreuliches besprochen) und es sind Massenveranstaltungen mit entsprechender Bewirtung. Aber zu essen gibt's immer genügend.

Jubiläen

Man hält Ausschau nach Jubiläen aller Art. Die Versicherungsgesellschaft, die 100 Jahre alt wird, das Weingut mit der 250-Jahr-Feier, der Verband, der 40 wird u.v.m. Und sollte das Buffet gut gewesen sein, empfiehlt sich eine kleine Notiz. Der Verband, der zum „40er" ein Super-Buffet angerichtet an, wird sich zum „50er" bemühen, dieses noch zu toppen. So hat man alle 10 Jahre eine Reihe von bewährten Einladungen. Etwas in diese Kategorie gehören auch Ausschreibungen zu besonderen Preisen. Meistens ist auf diesen Aufrufen auch schon das Datum der Schlussveranstaltung (Preisverteilung) vermerkt. Und schon kann man dort sein.

Eingeladen mit Trick?

Die vorige Rubrik schleichend in dieses Kapitel hinüberleitend ist die Möglichkeit, auch ohne offizielle Einladung sich als Eingeladener zu identifizieren.

Die kopierte Einladung

Manchmal haben Sie Freunde, die Ihnen von interessanten Einladungen berichten. Bitten Sie diese, Ihnen einmal das leere Anmeldeformular zu kopieren. Der Gag dabei ist, sich anzumelden für eine Veranstaltung, zu der Sie gar keine Einladung erhalten haben. Natürlich können Sie diese kopierte, von Ihnen inzwischen richtig ausgefüllte Einladung nicht absenden, denn das würde man merken und nur darüber lächeln. Aber wobei man es nicht merkt, ist das Fax oder der Scan; da schaut beim Empfänger alles echt aus; echt wie ganz echt.

Und wenn Sie Glück haben (und dies ist gar nicht so selten), passiert Folgendes: Die einladende Organisation versucht Sie durch Aufruf in der Adressdatenbank abzuspeichern; Sie sind aber gar nicht vorhanden und man nimmt Sie in die Adressliste auf. Wissenschaftliche oder kulturelle Organisationen, die von Subventionen und Steuergeldern leben, haben oft das Problem, volle Veranstaltungen vorweisen zu müssen. Das ist aber gar nicht einfach und so ist man für Interessierte dankbar. Nur keine falsche Scheu.

Dasselbe funktioniert natürlich auch ehrlich und telefonisch: „Ich habe von Ihrer so interessanten Veranstaltung gehört und wäre daran interessiert usw." Hat natürlich den Nachteil, dass Sie sich eine Abfuhr holen könnten oder Ihre Adresse nicht vorgemerkt wird.

Eine Variante davon ist die E-Mail-Einladung bzw. Bestätigung, bei der es noch viel leichter ist, eine Kopie zu versenden.

Die verschenkte Einladung

Manchmal laden zwei, drei Organisationen gemeinsam zu einem Event ein. Das Gegenchecken der Adressbestände wäre viel zu kompliziert, aufwendig und zu teuer im Verhältnis zu den Portokosten. Rasterfahndung hört sich nur gut in parlamentarischen Sicherheitsberichten an und ist in der Praxis sehr schwierig. Was heißt das? Sie erhalten zwei oder drei echte Einladungen zum selben Event. In diesem Fall ist es natürlich nur fair, eine an jemanden Befreundeten weiterzugeben, der dann sogar über einen echten Rücksendekupon verfügt und somit noch echter eine Anmeldung abgeben kann.

Es ist wirklich ein Gebot der Fairness, solche Doppeleinladungen weiterzugeben; bauen Sie sich damit ein Netzwerk auf und Sie werden auch Doppeleinladungen von anderen erhalten. Ganz wichtig ist, wenn UAWG („Um Antwort wird gebeten") steht oder RSVP (dasselbe in vornehmem Französisch), sich anzumelden und hinzugehen. Aber wirklich nur anmelden, wenn man wirklich dort ist!

Informationen beschaffen

Immer fragen. Fragen Sie sich und fragen Sie andere, seien Sie immer neugierig: Wenn Sie öfters Einladungen zu kulturellen Events einer Bank bekommen, fragen Sie sich, wer sind die Konkurrenten; haben die auch Kulturprogramme? Sie wissen, Sie brauchen nicht Kunde zu sein. Dasselbe bei großen Industriekonzernen.

Lesen Sie aufmerksam die Zeitung. Wenn retrospektiv von Events berichtet wird, seien Sie hellhörig. Rufen Sie an. Seien Sie interessiert. War das nur eine „Eintagsfliege" oder gibt's das öfters? Wer veranstaltet was wann?

Und das Internet bringt dem Recherchierenden auch viel. Nutzen Sie es.

Anmeldung unmittelbar

Eine Möglichkeit ist auch (wenn man es weiß), hinzugehen und sich unmittelbar dort anzumelden („Habe erst jetzt erfahren usw."). Dass das selbst in „Heiligen Hallen" geht, hat mich sehr verwundert. Ich war wieder einmal an einem edlen politischen Ort, diesmal bei einem Festvortrag, einem großen Staatsmann gedenkend, und natürlich, nach „Sept-nine-eleven" mit dem entsprechenden Sicherheits-Procedere: Anmeldungsliste, Vorzeigen der Einladung, Lichtbildausweis präsentieren. Aber man konnte sich dort unmittelbar noch anmelden, man musste halt ein Formular ausfüllen und seinen Ausweis präsentieren und schon war man drin. Und vielleicht schon auf der nächsten

Postliste gespeichert? Wie auch immer, der Vortrag war interessant, das Buffet gut, so als C1, aber viel zu wenig. Wer kein „Profi" war, bekam nichts mehr.

Der Veranstaltungsdienst

Die tollste Erfindung ist der – für die Presse erdachte – Veranstaltungsdienst. Sie bekommen einmal pro Woche ein E-Mail, in dem Hunderte von Veranstaltungen der nächsten Zeit angeführt sind. Es gibt verschiedene Dienste.

Natürlich ist so etwas nicht billig; Sie müssen mit rund 400 € pro Jahr rechnen, aber es kann sich auszahlen; vor allem für die oben besprochene „aktive" Ansprache („Ich erfahre gerade von Ihrer hochinteressanten Veranstaltung nächste Woche, die genau in meinem Interessensgebiet liegt. Kann ich mich da noch anmelden?"). Vielleicht können Sie sich so einen Dienst auch im Freundeskreis unter Tigern „teilen" oder bei einer Firma oder Organisation, die ihn abonniert hat, etwas „mitnaschen".

Hinein ohne Einladung

Hineingehen

Die einfachste Art ist, einfach hineingehen. Vermeiden Sie dabei Zaudern oder Blickkontakt. Gehen Sie einfach forsch weiter. Praktisch ist natürlich, wenn Sie in irgendeiner Form Detailkenntnisse vom Veranstaltungsort haben. Das erleichtert den Coup ungemein. Ich schätze, dass dieser Trick bei 30 bis 40 Prozent aller Buffets gelingt. Und was kann schon passieren? Mehr, als dass man Sie aufhält, ohnehin nicht.

Vermeiden Sie aber unbedingt „high-security spots“, da hält man Sie nicht auf, sondern an, und Sie verbringen den Rest des Abends beim Bundeskriminalamt oder beim Verfassungsschutz (Osama, du hast die Welt verändert! Auch sein Tod wird da leider nichts mehr ändern). Aber das normale Buffet: Frisch gewagt ist halb gewonnen. Einfach rein! Eine Möglichkeit besteht auch darin, die Registrierung zu umgehen. So war ich bei einem noblen Weihnachtsempfang einer Bank, natürlich registriert. Beim Pult managten 4 Damen die rund 600 einlangenden Gäste, hakten ab und verteilten als „Ouvertüre“ Weihnachtsgebäck. Interessanterweise kontrollierte in diesem Tumult niemand, wer von der Garderobe zum Tisch und wer vom Tisch zum Saaleingang ging. Wer auf die Kekserln verzichtete, kam auch so hinein. Dass das auch bei „High-Risk“-Plätzen geht, verwundert mich immer. So beobachtete ich unlängst an einem ganz heiklen Platz der Republik, dass die Distanz zwi-

schen der Innentür-Security und dem Anmeldungstisch sehr groß war. Der Sicherheitsbeamte schaute nur, ob die Leute vom Anmeldungstisch kamen, aber konnte nicht hören, was dort gesprochen wurde. Wenn sich jemand erkundigte, ob heute der Geburtstag vom „Dr. Y." gefeiert wird, aber er nicht angemeldet war, hätte auch die Antwort „Nein" sein können und der Frager wäre trotzdem eingelassen worden. Natürlich gab es einen Sicherheitscheck, aber der stellt nur fest, ob Sie eine Bombe oder eine Pistole mithaben, aber nicht, ob Sie überhaupt hineindürfen. Und da Sie beide Gegenstände niemals zu Buffets mitnehmen, wird es auch keine Probleme geben.

Erfahrungsgemäß am einfachsten sind die mittelgroßen Einladungen und Empfänge: „Dringen Sie ein" bei einem kleinen Empfang, ist die Gefahr groß, dass Sie dort schon auffallen und man Sie fragen wird, von welcher Firma Sie entsandt sind und was unter Umständen der Grund Ihres Kommens ist. Ich meine, dass das besonders bei den Empfängen so bis 30, bis 50 Personen eine Gefahr darstellt. Interessanterweise sind aber auch ganz große Veranstaltungen gefährlich. Die Angst, dass bei einem „Fest für 1.000" plötzlich nochmals 1.000 einfach von der Straße kommen, führt dazu, dass gerade bei den Großfesten die Kontrollen eher wieder schärfer sind. Außerdem kommt man bei Großveranstaltungen ohnehin nicht ohne Security aus, und wenn man sich die leistet, kann sie gleich kontrollieren. Daher am idealsten für das Hineinschwindeln sind so die Events mit 70 bis 300 Personen, groß genug, um sich zu „verstecken", und zu klein für wirklich professionelle Kontrolle. Aber man sieht am obigen Beispiel: Ausnahmen bestätigen die Regel.

Ei
ng

Das soll in Brüssel sehr gut funktionieren, wie der Journalist Martin Leidenfrost in der Zeitung „Die Presse“ am 31. Oktober 2009 in „Kaviar und Milchkaffee“ beschrieb: „Mein Urlaubsglück ist erst mit einem 18.30-Uhr-Empfang komplett. Entweder jemand zwitschert mir eine Einladung oder ich streife aufs Geratewohl beim ‚Members Restaurant‘ entlang, so wie neulich, als ich mit natürlicher Grazie die Empfangsdamen umschritt und mich auf dem rein britischen Empfang der rein britischen ‚Food and Drink Federation‘ befand. ... ‚Sind Sie am Essen interessiert‘, sprach mich umgehend eine Food-Lobbyistin an. Ich schluckte hinunter.“

„Jammern“ (Wehklagen)

Hält man Sie auf, ist jammern (wehklagen) die Methode der Wahl. Man kann sich mehr oder minder Originelles ausdenken. Das Einfachste ist, zu checken, ob es eine Namensliste gibt und ob Sie angemeldet sind (vielleicht durch den Trick der Faxkopie). Manchmal muss man trotzdem die Einladung zeigen. Da wäre dann forsches Auftreten angesagt („Einladung zu Hause vergessen, aber Sie haben mich ohnehin auf der Liste“) oder Unterwürfigkeit („... so interessant, extra hergekommen“ usw.); das funktioniert meistens. Eine Möglichkeit wäre, bei Reihen, die immer wiederkommen, eine alte, zufällig einmal erhaltene Einladung mitzunehmen. Meistens genügt es, ein dem Veranstalter bekanntes „Papier“ vorzuweisen, das er in der Schnelligkeit als Einladung identifiziert. Und checkt man es einmal genauer, hat man halt das Falsche eingesteckt.

BUFFET

Das Trojanische Pferd

Den belesenen Buffettigern muss ich ja nicht schildern, wie die Truppe in das belagerte Troja hineinkam. Das können Sie natürlich auch als Tiger. Der Gag beim Trojanischen Pferd war, das es nach etwas anderem aussah als ein geheimes Fortbewegungsmittel für Soldaten. Und auch Sie können sozusagen ein „Trojanisches Pferd“ sein. Dazu ein Beispiel: Sehr viele Veranstaltungen finden in der symbolischen Twylight Zone der Bürohäuser statt. Eine Versicherung z. B. hat um 17 Uhr noch vollen Bürobetrieb, aber die interessante Veranstaltung findet um 18 Uhr statt. Ähnliches geschieht in großen Bankgebäuden. Suchen Sie einen handfesten Grund, um knapp vor 17 Uhr noch in das Bürogebäude zu gehen. Etwa, indem Sie sich bei einem Referenten anmelden, um über die neueste Form der Vermögensanlage informiert zu werden. Das Gespräch dauert ohnehin etwas länger, und so um 17.30 Uhr können Sie schon in den Veranstaltungssaal (von dem Sie natürlich wissen, wo er liegt; es muss nicht immer das Erdgeschoss sein!) gehen. Wenn Sie die Veranstaltung vielleicht noch beim Referenten erwähnen, wird er Sie dorthin noch begleiten. Er selbst wird kaum teilnehmen, denn Institutionen haben es nicht gerne, wenn die eigenen Angestellten das Buffet wegfressen. Aber vielleicht wird er auch froh sein, einen Grund zu haben, ebenfalls zu bleiben. Sicherlich, das war nur ein Beispiel, aber es gibt sehr viele Gründe, sich legal in großen Häusern aufzuhalten. Denken Sie nach!

Einladung

Einladung kopieren

Eine Nebenart der kopierten Faxanmeldung ist die kopierte Einladung (wenn z. B. ein Freund eine echte Einladung erhält). Mein Vorschlag wäre: entweder extrem gut oder sehr schlecht kopieren. Kopiert man in Farbe sehr gut und schafft es, auch ähnliche Papierqualität zu verwenden, so könnte es beim erforderlichen schnellen Kontrollieren gleichsam als Original durchgehen. Inwieweit man hier allerdings schon hart an der „Fälschung" ist, muss sich jeder mit eigenem Gewissen und dem Strafgesetzbuch ausmachen.

Besser ist es, die Einladung billig und schlecht zu kopieren und etwas von „Kopie aus dem Kalender ..., Original in der Firma, beim Chef usw." zu faseln. Oder etwa „Mein Mann/Meine Frau sind gesondert gekommen, er/sie hat das Original."

Damentricks

In unserer partnerschaftlichen Welt haben trotz Emanzipation Damen zwei weitere Möglichkeiten: Sie gehen zum Eingang und sagen, falls sie gefragt werden: „Mein Mann ist schon oben". Das funktioniert in 99 Prozent aller Fälle.

Ist man als Dame gewandt, bietet sich als letzte Möglichkeit bei abzusehenden Kontrollen an, zu versuchen, bei der Garderobe durch Bemerkungen oder Fragen mit dem nächsten allein stehenden Herrn in Kontakt zu kommen und mit ihm zum Anmeldungspult zu schlendern, 50 cm hinter ihm dann stehen zu bleiben; er registriert, man schlendert zum Eingang. Nach dem Eingang ist es nicht mehr erforderlich, ihn den ganzen Abend zu unterhalten, eine kleine, abschließende Bemerkung genügt. Unangenehm wird's nur, wenn er auch nicht namentlich registriert ist. Umgekehrt funktioniert es nicht so gut, trotz Gleichstellung von Mann und Frau.

Namen nennen

Eine coole Methode wäre auch, beim Registrierungstisch seinen Namen zu nennen, der dann natürlich nicht vorkommt. Man präsentiert daraufhin eine E-Mail-Kopie der persönlichen Anmeldung (und E-Mail-Ausfertigungen sind oftmals sehr „geduldig", wobei ich ausdrücklich nichts von „Fälschen" gesagt habe). Oder überhaupt nichts („Die Einladung habe ich jetzt nicht mit, ich bin ja angemeldet!"). Das hält auf und irgendwann wird es den Registrierenden zu bunt und man lässt Sie hinein, vorausgesetzt, Sie sind sehr höflich und zuvorkommend; niemals „aufdrehen" und bockig werden, denn dann wird man auch bockig zu Ihnen sein.

Es gibt auch skurrile Erlebnisse: Ich bekam die Einladung zum 90. Geburtstag eines berühmten Fotografen; Festakt mit Bürgermeister, Festredner usw. Ich vergaß mich anzumelden. Angekommen beim Festort sah ich eine lange Schlange von Personen schon auf der Straße stehen. Man kontrollierte sehr genau, nicht aus Veranstaltungsgründen, sondern aus Sicht der Kapazität der Lokalität. Ich nannte locker meinen Namen, die Eintrittskontrollorin schaute auf die Liste, dort stand er (?!)

und ich durfte hinein. Wieso, weshalb, warum: Die drei wichtigen Fragen der Menschheit blieben offen.

Knapp kommen, zu spät kommen, und viel, viel später kommen

Es ist eine probate Methode: Wenn Sie sehr knapp kommen, ist die Wahrscheinlichkeit groß, dass Sie im allgemeinen Trubel in den Saal hineinhuschen. Das gilt auch für das geringe Zuspät-Kommen. Da sind oft die Damen (meistens immer noch Damen) mit den Anwesenheitslisten gar nicht mehr selbst anwesend, weil sie entweder tatsächlich die Veranstaltung interessiert oder sie sich um andere organisatorische Belange kümmern müssen (Namenstafeln der Redner aufstellen, Wasser zum Rednerpult bringen, Mikrofone halten usw.). Ganz stark ist es in dieser Sicht, wenn Sie eine halbe Stunde oder mehr zu spät kommen.

Extrem wird die Sache, wenn Sie gleich nur mehr zum Buffet kommen. Das erscheint mir aber aus zwei Gründen dann doch etwas zu „heavy": Erstens fällt man sehr auf und zweitens ist es nicht fair gegenüber den Veranstaltern, die ja einen geistigen oder fachlichen Inhalt „transportieren" wollen, und da sollte die „Kinderstube" zumindest so viel Anstand garantieren, dass man auch den „Inhalt" in sich aufnimmt.

Natürlich gibt es Ausnahmen, wie ich an einer lustigen Episode zu berichten weiß: Wir waren jedes Jahr bei einer sportlichen Festveranstaltung, die mit Musik und sportiven Darbietungen begann und jeweils mit einem exzellenten Buffet endete. Leider (aber nur wegen der Terminkollision „leider") hatten wir an diesem Tag ein Konzert der Wiener Philharmoniker (da gibt's nichts gratis zu essen, Sie müssen die Karten teuer kaufen und ein „echtes" Abonnement bedeutet viele Jahre Wartezeit, aber es sind die Wiener Philharmoniker im „Goldenen Saal" des Musikvereinsgebäudes – Sie wissen schon, der goldene, das ist der mit dem Neujahrskonzert). Wir sagten uns: Hören wir das Konzert und danach, weil die Sporteinlagen immer so lange dauern, wird das Buffet schon zur richtigen Zeit sein. Gesagt, getan, vom Musikvereinsgebäude um 21.30 Uhr die paar Minuten zum Veranstaltungsort, dort bei der Tür hineingeschlichen: Leider war es die als solche nicht erkennbare Mitteltür eines großen Hotel-Ballsaales, bei der gerade innen der Chef der Veranstaltung stand. Er sah uns, brüllte eine Begrüßung „Schön, Herr Doktor, gnädige Frau, dass Sie auch so spät uns noch die Ehre geben!", stellte uns ein paar anderen Leuten vor und geleitete uns zu einem Tisch. Peinlich, peinlich, was sich wohl die anderen Teilnehmer gedacht haben werden.

Etwas lustig ist auch, wenn „legal" gekommene Buffetinsassen, wie man immer wieder bemerken kann, per Mobiltelefon Freunde zu später Stunde zu einem Buffet einladen. Das darf man aber nicht zu verwerflich sehen: Wie man von Catering-Firmen leicht erfahren kann, müssen aus hygienischen Gründen und Vorschriften ohnehin die aufgetragenen Buffetreste weggeworfen werden. Wenn nun das Buffet reichhaltig war, alle echten Besucher abgefüttert worden sind, warum soll nicht noch jemand seine Freude am Buffet haben. Das fällt auch meistens gar nicht so auf, und insbesondere, wenn der Freund als „echter"

Besucher bis zur „Schranke" vorgeht, wird er vermutlich sogar bei Security-Personal den „unechten" Freund, in lockerem Gespräch vertieft, leicht in den Saal „hineinziehen" können. Das funktioniert ganz besonders gut in der wärmeren Jahreshälfte, wenn man mit dem Übergewand nicht zur Garderobe gehen muss.

Da sehen Sie, wie wichtig Buffet-Networking ist

Günstig ist auch der Moment, wenn nach dem Vortrag immer wieder Leute weggehen bzw. die Toilette aufsuchen; da ist ein Kommen und Gehen, ein Hin- und Herfluten oder eben ganz viel später, wenn Schnellesser des Buffets schon gehen. Das Ganze zahlt sich aber nur aus, wenn das Buffet so reichhaltig ist, dass noch genügend da ist. Wegen ein paar Salatblättern, 3 Eischeiben und 2 dag Schinken wird niemand extra kommen.

Und ein paar Kombinationen

Bei internationalen wissenschaftlichen Kongressen bekommt man oftmals Namenskärtchen, in Plastik eingeschweißt oder gesteckt, die so mit bunten Bändern um den Hals gehängt werden. Heben Sie sich so ein Kärtchen auf, man kommt auch hinein, wenn man es verkehrt um den Hals hängen hat (weiße Seite nach außen). Glauben Sie mir, ich hab's probiert. Allerdings printen pfiffige Tagungsbüros neuerdings die Kärtchen zweiseitig.

HERR BUFFETTIGER
HR.
BUFFET-
TIGER
HERR
BUFFETTIGER
HERR BUFFETTIGER

Wissenschaftliche Kongresse sind meistens langweilig, haben aber oft gute Einladungen und man kann sich leicht anmelden, denn Interesse kann man immer haben. Schauen Sie, dass Sie kurz bei der Eröffnung da sind (dafür brauchen Sie meistens Tagesfreizeit), alle Unterlagen bekommen, das Namenstaferl („Hundemarke“) und die Einladungen zum Essen. Dann gehen Sie und kommen nur mehr zum Essen. Der Veranstalter freut sich, weil er eine fantastisch große Namensliste hat und sie seinem Sponsor präsentieren kann und Sie freuen sich auch.

Lustig ist auch der Verdoppelungstrick: Sie und Ihre Frau haben z. B. einen ähnlichen Beruf (es gibt Arztehepaare, Rechtsanwaltsehepaare usw.) und Sie bekommen zufällig jeder eine Einladung zur selben Veranstaltung. Damit können Sie schon mit Freunden locker zu viert Abend essen, denn es kann ja jeder jemanden mitnehmen, d. h. Sie nehmen Ihre Frau mit und Ihre Frau gibt die Einladung Ihrem Freund und der hat nun eine Originaleinladung und nimmt auch seine Frau mit.

Eine weiterer Verdoppelungstrick ist folgender: Sie haben eine Einladung und gehen mit Ihrer Frau hinein. Nun haben Sie aber alles ausgekundschaftet: Im ländlichen Bereich (z. B. bei Schlössern oder Schlosshotels) gibt es oftmals einen Zaun. Sie verabreden sich mit einem befreundeten Paar, rufen dieses am Handy an; Sie gehen von innen zum Zaun, die anderen von außen. Sie gehen zurück in den Saal und das weitere Paar hat nun eine Originaleinladung und geht mit Ihnen kulinarisch essen. Was macht man in der Stadt? Sie gehen von innen zum Kontrolleur, zeigen ihm ostentativ die Einladung und sagen zu ihm: „Ich bin gleich wieder da, ich habe mein Handy im Auto liegen gelassen und die werden doch ohnehin leicht gestohlen". Kurz hinaus, Ihre Originaleinladung einem befreundeten Paar gegeben, und wieder zurück. Man wird Sie nicht mehr kontrollieren („Ich bin jetzt zurück; glücklicherweise war das Handy noch da") und fünf Minuten später kommen Ihre Freunde mit einer Originaleinladung.

Gut ist auch das Sammeln alter Einladungen. Manche Veranstaltungsorte lassen z. B. wegen der „corporate identity" die Einladungen immer im selben Stil drucken. Glauben Sie, ein Kontrolleur hat die Zeit, die Einladung zu lesen, wenn Sie mit der passenden Originaleinladung herumwinken? (Sie ist das Original, nur nicht von diesem Abend, sondern vielleicht schon 2 Jahre alt.)

Die Don'ts

Seien Sie nicht interessiert daran, unbedingt zu Veranstaltungen mit besonders schillernden Prominenten zu kommen. Der Nachfragedruck ist viel höher, es müssen mehr abgewiesen werden, vielleicht sind Sie dabei, vielleicht auch nicht. Die Buffets sind nicht besser als anderswo.

Bei „normalen" Veranstaltungen ist oft der Veranstalter dankbar, wenn Sie kommen (ich war schon bei Veranstaltungen mit 50 Leuten und einem Buffet für 200).

Vergessen Sie – wie erwähnt – Veranstaltungen mit extrem hohem Sicherheitsstandard. Zu einem Abendessen zu kommen, wenn der Bundespräsident den ausländischen Staatsgast willkommen heißt, lohnt den Aufwand nicht (nicht jeder ist das Ehepaar Salahi). Und Sie können sich auch nicht ungezwungen beim Buffet schadlos halten. Allein schon das High-Security-Getue ist eine Qual. Seien Sie aber im Gegenzug nicht verwundert, wenn bei einer kulturellen Veranstaltung ohne Sicherheitschecks der Bundespräsident 3 Meter neben Ihnen sitzt; das ist sogar eher das Normale.

Das mit der Sicherheit ist stets auch so eine Sache: Unlängst großer Botschaftsempfang. Ein Chef bekommt die Einladung, hat aber keine Zeit; darf die Assistentin gehen? Ok, sie geht. Großes Sicherheitsgetue mit Check der Einladung, anderer Name usw. Schließlich lässt man sie hinein. Nach ihr kommt eine Dame mit einer Tortenschachtel, weil sie vor dem Zusperren der Geschäfte noch rasch eine Geburtstagstorte abgeholt hat und vorhatte, nach dem Empfang auf eine Geburtstagsparty im Freundeskreis zu gehen. Einladung und Name sind ok. Niemand checkt die Schachtel. Die Dame geht hinein und stellt die Schachtel neben dem Buffet ab. Es war tatsächlich eine Torte drinnen, aber – nur als Denkmodell –, 2 kg Plastiksprengstoff neuester Entwicklung hätte nicht nur die Botschaft, sondern ein halbes Stadtviertel in die Luft gejagt.

Ich war schon auf Staatsbesuch mit, zweimal, sogar in der Regierungsmaschine. Oder was der jeweilige Präsident sich so wünscht, bei Dr. K. war es eine gecharterte AUA-Linienmaschine mit einem 2-Meter-Kleber „presidential aircraft“, bei Dr. F. eine ohne Kleber. Dieser Tages-Staatsbesuch mit Dr. K. war, glauben Sie mir, kein Hit. Wir mussten z. B. fast 2 Stunden vor dem fertigen Teilbuffet warten (das schon zerfloss und immer mickriger wurde), weil die Exzellenzen sich verplaudert hatten. Und selber nehmen durften wir auch nichts, weil natürlich serviert wurde. Und der Präsident begrüßte uns einfache Reiseteilnehmer sichtlich mit Widerwillen.

Inzwischen war ich auch mit dem jetzigen Präsidenten Dr. Heinz F. auf Reisen, 5 Tage nach Korea. Kein Vergleich. Nicht nur, dass der jetzige Präsident und seine Frau persönlich sehr liebenswürdig sind, sondern auch die Reise war exzellent. Allein die Tatsache, dass man den Koffer beim VIP Center in Wien abgeben konnte und ihn auf dem Kofferrack des Grand Hyatt Seoul im Zimmer wieder fand, war bemerkenswert. Oder das Fahren mit Blaulicht; ein Erlebnis, von dem man zehren kann. Auch kulinarisch hat es gepasst, abgesehen von der koreanischen Küche, die nicht jedermanns Geschmack ist.

An dieser Stelle muss ich Ihnen sagen, was meiner Meinung nach die beste aller Einladungen ist. Das ist der diplomatische Empfang (aber nicht in der Botschaft, weil es z. B. in Wien Botschaften gibt, die vom ausführenden Architekten schon für Empfänge von 500 Personen gebaut sind). Das Beste, was es gibt, sind intime Einladungen in eine Residenz (also das Wohnhaus des Botschafters oder das seines Stellvertreters). Da sollte man schon eine Einladung haben und vor allem auf der Liste stehen. Personal und Security empfangen einen, es gibt Cocktails, Champagner und Minihäppchen, maximal so um die 70 Personen, also nicht überfüllt, dann immer etwas Kulturelles (z. B. ein kleiner Klavierabend, eine Sängerin mit Begleitung, ein Kammermusiktrio usw.) und danach ein niemals überfülltes warmes und kaltes Buffet (daher auch keine Schlacht). Dazu hochrangige, gescheite und kultivierte Gesprächspartner. Sie werden mich fragen, wie kommt man auf die Einladungsliste, und ich gestehe offen, ich weiß es nicht. Ich war schon auf solchen Empfängen, weiß aber nicht, wie ich auf die Liste gekommen bin. Diese Veranstaltungen sind nicht zu vergleichen mit offiziellen Terminen wie z. B. am jeweiligen Nationalfeiertag.

Abgesehen davon, generell gesagt, nummerierte Sitze gehen natürlich nur, wenn Sie, auf welchem Wege auch immer, eine echte Karte oder Teilnahmeberechtigung erhalten haben. Hier lässt sich nichts „tricksen“. Sitznummer ist Sitznummer.

Selbstverständlich darf man auch kein Betrüger sein, d. h. in dem Moment, bei dem Eintrittspreise für eine Veranstaltung und/oder das Buffet verlangt werden, geht man nur mit der Anzahl Personen dorthin, die auch die Kosten dafür tragen. Sehr selten kann man da eine Ausnahme machen, da muss man schon einen, auch vor der eigenen Ehrlichkeit zu verantwortenden Grund haben. Ein Beispiel, nicht von einem Buffet, sondern von einem Konzert der berühmten Sängerin Cecilia Bartoli: Wir hatten für 3 Personen 3 Abonnementkarten. Plötzlich eine liebe Freundin als vierte Interessentin und ein Gast aus Übersee. Wir wollten Karten kaufen, ausverkauft, nicht einmal im Schleichhandel waren noch 2 Karten gegen Überpreise erhältlich. Wenn man nun ein ausgefuchster Buffettiger ist, weiß man auch ohne Buffet, wie man mit 5 Personen und 3 Karten in einen berühmten Wiener Konzertsaal kommt und dort auch verbleiben kann. Wie gesagt – Ausnahmen bestätigen die Regel.

Die Unmöglichkeit des Besuches gilt im übertragenen Sinn natürlich auch für „gesetzte" Einladungen. Bitten der Vorstandsdirektor und seine Frau 10 weitere Personen zu einem „Abendessen im kleinen Kreis", können Sie nicht der Dreizehnte sein, der am Tisch Platz nehmen will; abgesehen davon, dass Sie bei abergläubischen Leuten einen Schrecken auslösen würden.

Im Gegenzug dürfen Sie aber auf eines getrost vergessen: Steht darauf „Gilt nur für eine Person", können Sie immer zu zweit kommen. Man wird Sie nicht hinauswerfen. Warum das manche Veranstalter aber auf ihre Einladungen schreiben, habe ich in 40 Jahren noch nicht herausgefunden. Wer allein kommt, kommt allein und wer zu zweit kommt, wird trotzdem hineingelassen. Mann und Frau kein Problem, zwei Frauen sowieso und auch zwei Männer fallen nicht mehr so auf wie noch vor ein paar Jahren.

Wenig erfreulich ist auch, glauben Sie mir, wenn Sie an einem Abend zu zwei Buffets gehen. Ein Mittags- und ein Abendbuffet an einem Tag funktionieren, das habe ich in meiner „starken" Zeit manchmal gemacht, und es freut einen besonders, wenn die zwei Buffets unterschiedlichen Charakter aufweisen. Aber am Abend? Was geht, habe ich einmal geschafft, war eine 17 Uhr Nachmittagsveranstaltung mit 19 Uhr B1-Buffet und als Zuspätkommer einer 19 Uhr Veranstaltung mit C2-Buffet um ca. 21 Uhr. War aber dann doch irgendwie zu viel.

Skurril wird es dann, wenn der Veranstalter von sich aus zwei Buffets bei einer Veranstaltung anbietet: Da war ich doch unlängst bei einer noblen Preisverteilung; Saalöffnung war um 18.30 Uhr und „dienstbare Geister" gingen mit kleinen Sandwiches, Kanapees, gefüllten Mini-Kornspitzen usw. sowie Getränken umher. Nach Ende der Veranstaltung um rund 20.30 Uhr gab es dann ein internationales kalt-warmes Buffet. Das war auch „heavy". Man kann es auch elegant lösen, wie bei einer anderen Veranstaltung: ein Vor-Buffet mit lauter ganz kleinen Köstlichkeiten (ganz klein, ganz fein!), dann 2 Stunden Programm, gefolgt von einem opulenten A2-Buffet. Da kommt Freude auf.

Und natürlich ganz verboten ist, Lebensmittel nach Hause mitzunehmen. Zwar hat das eine lange österreichische Tradition: Beim „Ball zu Hof" des 19. Jahrhunderts, der sich vom „Hofball" dadurch unterschied, dass neben den Adeligen auch „bewährte" Nichtadelige und treue, aber doch in der Rangordnung weiter untenstehende Bürger eingeladen waren, war es durchaus üblich, in den Frack kleine Taschen aus Leder einzunähen, um gewisse Köstlichkeiten nach Hause tragen zu können. Allerdings hat es sich dabei meistens nur um besonderen, kaiserlichen Konfekt gehandelt, der auch leicht mitzunehmen war. Wenn heutzutage Senioren aus einem Wohnheim zu einer Welthandelsveranstaltung mit „Tupperware" und Plastiktaschen anrücken (wie ich es selbst erlebt habe), so ist der Zweck einer Einladung mit Buffet sicherlich verfehlt. Man nimmt nichts mit und außerdem ist das Mitnehmen überaus schwierig – wie soll man Majonäse, Cremen und dergleichen beherrschen. Maximal, dass man sich an vergessenen Zeiten ein Maß und 1 oder 2 Stück guten Konfekt nach Hause nimmt.

Etwas anderes ist natürlich, wenn man vom Gastgeber aufgefordert wird, einzupacken und mitzunehmen. Das passiert aber eher nur im halbprivaten und privaten Bereich (z. B. bei einem Hochzeitsfest oder einer „runden“ Geburtstagsfeier), und dabei ist es durchaus üblich, dass der Gastgeber Alu- und Kunststofffolie, Pappteller, Kunststoffbehälter usw. zur Verfügung stellt.

Beim Buffet

Eine Einführung

Wichtigen Erfolg als Buffettiger genießen Sie nur, wenn Sie auch beim Buffet selbst die entsprechende Zeit und Mühe darauf verwenden, endlich dort zu stehen. Und nun soll es schiefgehen? Nein, jetzt geht's erst richtig los.

Wenden wir uns einem lukullischen Großbuffet, ich denke so für 150 bis 250 Personen, zu. Bei kleineren ist die Lage nicht so schwierig und größere gibt es kaum. Sind mehr Leute da, wird oftmals rechts und links im Raum ein spiegelgleiches Buffet aufgebaut oder es gibt mehrere Buffets in verschiedenen Räumen. Mein „Maximalbuffet" war ein A2-Buffet (also schon in der besonderen Leistungsklasse) für 1.400 Personen. Da wurde aber eine gesamte Innenstadtstraße für die permanente Vorfahrt von Catering-Lastwagen gesperrt und unter den verschiedenen Betreuungs- und Sicherungs-Fahrzeugen befand sich sogar ein Notarztwagen (!). Wenigstens vor der berühmten „Gräte im Hals" musste man da keine Angst haben.

Also, es geht los. Der Vorsitzende sagt den von allen erwarteten Satz „Das Buffet ist eröffnet"! (... die vier wichtigen Worte der Menschheit). Es geht wirklich los. Und schon haben Sie den ersten Fehler gemacht!

Sie haben taktisch nicht vorher entschieden, wo Sie sitzen. Wenn Sie z. B. der Podiumsdiskussion genau beiwohnen und die Mimik der Vortragenden sehen, jede Zeile der Power-Point-Präsentation oder gar den Adamsapfel des Sängers hüpfen sehen wollen, so sitzen Sie vorne. Man sieht und wird gesehen. Meistens bedeutet das aber: lange zum Buffet und Stau wie auf der Südosttangente in Wien oder der Umfahrung in München.

Daher gibt es drei Möglichkeiten: Sie entscheiden sich dafür und akzeptieren es, langsam zum Buffet vordringen zu können, oder für das Buffet und setzen sich gleich in die letzte Reihe. Die dritte Möglichkeit ist die trickreiche: Gegen Ende der Veranstaltung, in der Zwischenpause zwischen vorletztem und letztem Redner einfach nach hinten gehen, falls der Saal nicht überfüllt ist. Oder ausloten, wie man etwa seitlich an den Massen vorbeikommt. Ich kenne in Wien z. B. einen großen Saal, der auf der linken Seite in der Höhe der dritten Sesselreihe einen Notausgang hat, den man nur aufdrücken muss, und man steht draußen im Foyer. Da ist der Weg zum Buffet nur mehr kurz.

Nun, Sie sind vor den Tischen, es geht nichts weiter. Sie wissen nicht, was zu nehmen, von hinten drückt und schiebt man, das erste Glas fällt hinunter, ein Gast steigt auf eine Eischeibe und rutscht. Dem linken kleckert sein unmittelbar rechter Nachbar den Gulyassaft auf die Krawatte und sagt nur „Tschuldigen“ und Sie sagen „Nie wieder Buffet“.

Nein, so geht’s nicht; Buffets sollen doch Freude machen!
Also, was kann man tun?

Vorerst ist eine sehr praktische Möglichkeit, einmal auf den gewohnten Gang zu verzichten. Natürlich, es ist nicht jedermanns Sache, auf Mousse au chocolat den Hering in Rotweinsauce zu essen. Aber so schlimm muss es gar nicht sein.

Verzichten Sie vorerst einmal auf die kalte Vorspeise. Sie werden sehen, alle stehen bei der Vorspeise an. Überholen Sie und gehen Sie zu den warmen Sachen. Alles ist frisch und Sie nehmen sich das Beste. Später, wenn die warmen Sachen belagert sind, gehen Sie zu den kalten. Das erfordert aber Strategie: Manchmal gibt es von ganz exklusiven kalten Sachen, so auf der Hummerebene, nur ganz wenig, sodass die Catering-Firma den hohen Preis für ein „ganz exklusives Buffet" rechtfertigen, aber trotzdem den ausgehandelten Preisnachlass noch wo unterbringen kann. Da muss man dann schon in den „sauren Apfel beißen" und an der Schlacht teilnehmen. Aber vielleicht können Sie es auch kombinieren: aus der zweiten Reihe eine Attacke auf das „kalte Edelgut" („Entschuldigen, darf ich da kurz durchgreifen, ich brauche nur etwas Gebäck, eine Gabel, etwas Sauce Cumberland ..." – was immer halt günstig liegt). Dann die warmen Sachen und dann den kalten Rest. Bei den Süßigkeiten ist die Zeitebene schon ganz verschoben (Stichwort: Schnellesser – Langsamesser), sodass es da meistens keine Probleme mehr gibt.

Eine Möglichkeit, wenn Sie mit Freunden und Bekannten an einem Tisch sitzen, ist das sogenannte Sub-Buffet: Jeder z. B. der 6er-Runde nimmt zwei Teller aufeinander. Auf dem oberen lädt er nur eine Produktart, dafür aber mehr: Der Erste nimmt nur den Räucherlachs, aber viel, der Zweite den Hirschschinken, der Dritte 6 Stück gefüllte Avocados usw. Der untere Teller bleibt leer. Auf dem 6er-Tisch werden die vollen Teller nebeneinander gestellt, die leeren Teller (die unteren) dienen nun als persönliche Teller und jeder bedient sich vom lokalen Tischbuffet.

Eine zweite Möglichkeit ist die Zusammenarbeit mit dem Servierpersonal. Bei einem jährlichen Botschaftsempfang (übrigens eine tolle Sache: Jeden Tag hat irgendein Staat seinen Nationalfeiertag und die Botschaft gibt einen Empfang). Da wird es mit Hineinschwindeln schon etwas schwerer, besser ist es, Mitglied der jeweils Völkerverbindenden Gesellschaft zu werden. Bei einem Event, der ein Stehempfang im Garten ist, habe ich mich immer geärgert, dass nur Häppchen per Servierpersonal herumgereicht wurden. Ich ließ mich mit Freunden auf einer Gartengarnitur des Herrn Botschafters nieder, hatte aber vorher mit dem Servierpersonal netten Umgang gepflegt („Sie haben es aber besonders schwer, bei so vielen Leuten in dieser Hitze"). Als später wieder einmal ein „dienstbarer Geist" mit Platte vorbeikam, sagte ich: „Wir wollen Ihnen die Arbeit des Servierens abnehmen, lassen Sie uns die Platte doch für den Tisch da". Der „Schmäh" zog und schon war das Sub-Buffet errichtet.

Provisorische, vorsorgliche Sub-Buffets eignen sich vor allem für die süßen Sachen, die oftmals von der Menge her beschränkt sind. Da man außerdem die Süßigkeiten schwer auf den Teller in die Majonäse oder in das Krebsenparfait an Morchelsauce legen kann, muss man sich mit einem Zweitteller und Sub-Buffet retten. Ich kann mich erinnern, dass ich einmal bei einem Empfang die in Wien berühmten „getunkten Erdbeeren" erspähte. Schon war eine ganze Platte (ein Husarenstück) auf dem Tisch und wartete, bis wir mit den pikanten Sachen fertig waren.

Rund 100 Stück Erdbeeren fanden dann in drei Buffettigern ihre Abnahme.

Besteckty p

Checken Sie unbedingt ab, um welchen Besteckty p es sich beim Buffet handelt. Gibt es Messer und wenn ja, haben Sie den Platz, um den Teller aufzulegen? Wenn beides nicht zutrifft und Sie den Teller mit einer Hand halten und mit der anderen (Gabel) essen müssen, verzichten Sie unbedingt auf schwieriges Essen: unausgelöste Hühnerschenkel oder Chicken Wings sind tabu, ebenfalls Fisch mit Gräten, oder auch eine aufgetürmte Königinpastete kann Schwierigkeiten machen. Nicht zu vergessen das Räucher- oder Rohschinkenbrötchen, das Sie kaum abbeißen können. Es ersticken mehr Leute an Schinkenspeck, als Sie vermuten würden. Stellen Sie auch immer einen Zusammenhang zwischen Beißfähigkeit (es gibt auch Buffetbesucher mit den „Dritten") und dem Angebot her. Lieber auf Experimente verzichten. Einem Freund blieb einmal ein Steak-Fleischfaden beim Kehlkopf hängen, das Ergebnis war ein aufsehenerregendes Röcheln und Husten, ein Spucken und panisches Herumhüpfen und meine Unfähigkeit, Erste Hilfe leisten zu können. Glücklicherweise ist alles gut ausgegangen.

Halten des Tellers

Der Stehempfang mit vollem Buffet gehört zum Schwierigsten überhaupt, Klein-Sandwiches (Kanapees oder Dukatensandwiches) sind einfach, da kann man schon so 100 bei einem Empfang verdrücken, aber volles Menu im Stehen, nur mit der Gabel? Sehr schwierig. Ich habe, als ich mit den Buffets angefangen habe, mit Holz- und Legoklötzchen auf reinem Teller vor dem Spiegel geübt. Und Übung macht bekanntlich den Meister.

Praktisch sind auch kleine, auf einer Seite offene Plastikringe, die Sie an den Teller anklippen können. Sie erhalten sie in Haushaltsgeschenkläden oder manchmal bei Empfängen (ich habe immer ein paar mit in meinen Reisesachen). Man klemmt sie an und kann ein Weinglas mit Stil einhängen, so kann man den Teller halten und mit der Gabel essen.

Ansonsten würden Sie ja drei Hände brauchen und das hat Mutter Natur nicht vorgesehen (die Buffet-Mutation wird noch 1,7 Millionen Jahre Evolution benötigen). Schwierig wird es aber mit zylinderförmigen Gläsern (Mineralwasser, Orangensaft usw.). Da hilft nur ein Trick (beschrieben für Rechtshänder): Sie halten den Teller mit der linken Hand mit über den Rand hineingeschobenem Daumen und Zeigefinger, auf gekrümmtem Ring- und den beiden anderen Fingern aufgelegt. Das Glas steht auf dem Teller, asymmetrisch links. Mit der rechten Hand essen Sie (Gabel). Vermeiden Sie zu viel Saft, sonst steht das Glas im Saft und beim nächsten Trinken rinnt es auf Krawatte oder Cocktailkleid.

Manchmal gibt es Stehtische, aber viel zu wenige für die Meute. Also, einer könnte zwei Plätze reservieren und halten, der andere geht zum Buffet. Dann kehrt dieser zurück und der zweite geht. Was aber, wenn man allein ist oder gemeinsam essen will?

Da empfiehlt es sich, ein Reservierungstaferl mitzuhaben. Es sollte professionell aussehen, aber doch eher beiläufig sein. Nur nicht zu genau, das fällt auf. „Reserviert für den Exekutivausschuss" klingt doch sehr gut und sagt nichts aus. Dann haben Sie zumindest im ersten Buffetansturm am Stehtisch einen freien Platz.

Eine Möglichkeit, insbesondere bei reichhaltigem Sandwichbuffet ist, überhaupt auf den Teller zu verzichten. Stehen Sie beim Buffet und essen Sie die Kanapees und Sandwiches gleich dort. Schauen Sie aber, dass Sie sich bei Wartenden nicht unbeliebt machen. Das System eignet sich mehr für spätere Zeiten zum Vertilgen von Buffetresten.

Essgeschwindigkeit

Diese spielt theoretisch bei Buffets keine Rolle, dennoch kann ich Ihnen aus langjähriger Erfahrung sagen: Sind Sie ein schneller Esser, machen Buffets mehr Spaß, man wird aber auch schneller dicker. Aber wie auch immer – beeinflussen kann man es kaum.

Teller abräumen

Sind Sie mit einem Teller fertig, stellen Sie ihn diskret ab, niemals nahe dort, wo „frische Sachen" stehen, oder Wertvolles (etwa die Bücher einer Buchpräsentation) liegt, sondern wo halt Platz ist. Ideal sind Beistelltische, Fensterbänke, dicke

Heizungsverkleidungen usw. Gehen Sie niemals mit einem verschmutzten Teller neu zum Buffet. Erstens schaut es primitiv aus und zweitens wird man Sie als Vielfraß einstufen. Ist somit nicht erstrebenswert. Und frische Teller gibt's ohnehin genug.

Der richtige Standort

Wie schon erwähnt, ist der Standort eine wichtige Vorentscheidung. Den Startpunkt im Vortragssaal haben wir schon besprochen, bei einem gesetzten Buffet gibt es ohnehin keine Auswahl, aber sehr wichtig ist die Frage, wenn es kein aufgebautes Buffet gibt, sondern „diensteifrige Geister" mit dem Buffet umhergehen (in der Fachsprache „Walking Dinner"). Da sollte man möglichst rasch herausfinden, von wo sie starten. Jedes Buffet muss aufgebaut werden, entweder im Saal oder außerhalb (in einer Küche, einem meist durch ein Paravent abgeteilten Gang, ein Nebenraum oder dergleichen). Und von dort kommen sie mit den Köstlichkeiten heraus. Natürlich behelfen sich einige Kellner damit, dass sie Platten über den Kopf halten und sich durch die Leute durchschieben, um auch andere Saalteile zu bedienen. Den meisten ist das jedoch zu mühsam, sie werden nach dem Betreten des Saales sogleich umringt und dadurch eingebremst. Sie bleiben meistens stehen und lassen das Unvermeidliche geschehen: das Abräumen der Platten.

Man versucht von Seiten der Gastgeber, durch das Zurverfügungstellen von „Fingerhäppchen" ohne weiteres Besteck oder Geschirr die Esslust einzudämmen, aber da kann ich Ihnen nur empfehlen: Wissen Sie, wie zwei oder drei übereinander gelegte

Servietten einen perfekten Teller abgeben, auf dem Sie durchaus zweilagig Ihre Köstlichkeiten stapeln können. Kritisch wird die Sache und überaus trickreich, wenn die kalten Platten an einer anderen Stelle in den Saal geliefert werden als die warmen (z. B. könnten die kalten Platten auf einem entsprechenden Wagen unmittelbar neben der Saaltür stehen, während die warmen von einer etwas entfernteren Küche mit Warmhaltevorrichtungen angeliefert werden). Versuchen Sie den Takt herauszubekommen (z. B. 2 x Lieferung Platten kalt, 1 x Lieferung warm) und versuchen Sie „im Takt" schon voraus dort zu sein, wo die Platten und Köstlichkeiten kommen. Und wenn nicht, entscheiden Sie sich: warm oder kalt.

Fragen

Etwas uncharmant, aber durchaus nützlich kann auch das Fragen des Servierpersonals sein. So habe ich Buffets erlebt, wo viele Platten mit Sandwiches herumstanden und die Leute sich mit diesen vollgestopft haben. Zu spät (weil man vielleicht den Zeitplan geringfügig unterschätzt hatte) gingen Servierkräfte mit herrlichen warmen Sachen (kleine Lungenbratenspieße, gebratene Langustenstückchen, Fleischbällchen, kleine Wiener Schnitzel, gebratene Pflaumen im Speckmantel usw.) umher. Ja, wenn man das früher gewusst hätte! Oder man sieht, es sind eher wenige Mehlspeisen vorhanden, nimmt nach den Sandwiches gleich etwas Süßes und plötzlich kommen warme, scharfe asiatische Spießchen. Nicht gerade eine ideale Reihenfolge nach den geilen Nougat-Würfelchen. Ein hilfreiches Kurzgespräch mit den servierenden Damen und Herren kann sehr

praktisch sein: „Kommt noch etwas Warmes?“ und schon ist man vorinformiert. Dies kann auch durch einen diskreten Blick von außen in den Service-Vorbereitungsraum ersetzt werden: Cateringwagen (so ähnlich wie im Flugzeug) für kalte Platten schauen anderes aus als die Thermoboxen, in denen üblicherweise warme Sachen geliefert werden. Sehen Sie also eine von diesen meist bunten Thermoboxen, wissen Sie schon, was noch kommt.

Auch eine kleine Notiz bei periodischen Veranstaltungen kann die Frage klären. Wenn letztes Jahr bei der Hauptversammlung der Firma XYZ die guten warmen Häppchen gereicht worden sind, ist anzunehmen, dass sie auch heuer wieder kommen; außer man hat den Caterer gewechselt. PR- und Presse-Leute sind immer im Zeitdruck und lieben es daher, die Bestellung aus dem Computer-Archiv aufzurufen, das Datum und die voraussichtliche Anzahl der Teilnehmer zu ändern, zu unterschreiben und – fertig!

Der Wein

Generell ist der Wein meistens schlecht. Denn einerseits ist es sicherlich nicht leicht, für eine so große Menge an Personen den entsprechend guten Tropfen auf den Tisch zu stellen und andererseits ist für den Caterer der Wein eine Nebensache, die meistens nur bei Kennern richtig ankommt. Da Wein oftmals in die Gläser schon voreingefüllt wird (nur bei erstklassigen Buffets oder wenn später schon weniger Leute anwesend sind, gehen Servierkräfte mit den Flaschen umher), kann man die Qualität nicht so leicht sichtbar machen. Ein Rehrücken, am Knochen wieder aufgebaut, mit gebratenen Maroni, Sauce Cumberland und sonstigen Beilagen ist angerichtet imposant, auch wenn für 200 Personen nur ein Rehrücken gemacht wurde; erstklassiger Wein, in Gläsern voreingefüllt, erkennt man erst beim Trinken und da ist es meistens ohnehin zu spät.

Natürlich gibt es Ausnahmen. Wenn die Schlosskellerei St. Benedikt zu Schröckenstein zum 250-Jahr-Jubiläum zu einem Empfang ladet, kann man sicher sein, erstklassige Rebensäfte kredenzt zu bekommen. Aber wie gesagt, das sind die Ausnahmen.

Interessant wird es auch, wenn bei einem Buffet auf dem Tisch der Honoratioren Bouteillen mit exquisitem Wein hingestellt werden, auf allen anderen Tischen aber Literflaschen. Dann wissen Sie, warum in einer demokratischen Welt alle Menschen gleich sind, oder?

Stellen Sie sich bei einem normalen Buffet auf üblichen „Tischwein" ein, trinken Sie wenig und außerdem viel Mineralwasser, insbesondere wenn Sie mit dem Auto unterwegs sind; und zu Hause, ja, zu Hause, gönnen Sie sich vor dem Schlafengehen ein Glas exzellenten und teuren Rotweins, den Sie mit dem ersparten Abendessen locker finanzieren können.

Die Gesundheit

Gefährlich ist die Schlacht am kalten Buffet. Da kann leicht ein Unfall passieren. Alles drängt, alles schiebt. Wer haftet? Es

wäre nicht Österreich, wenn sich mit dieser Frage nicht schon der Oberste Gerichtshof beschäftigt hätte. Es war zwar kein Veranstaltungsbuffet, sondern ein Frühstücksbuffet, aber Buffet ist Buffet.

In einem Kurhaus kam es beim Frühstück zu zwei gegenläufigen Buffetschlangenbewegungen; es wurde gedrängelt. Ein Fuß eines weiblichen Gastes geriet zwischen die Füße einer anderen Dame, diese stürzte, verletzte sich schwer und forderte von der ersten Dame rund 9.000 € an Schmerzensgeld und Schadensersatz. Das Landesgericht Wels entschied: „Die Teilnehmer ... hätten sich, wenngleich unter zeitlichem Druck, durch das Einlassen auf die Menschenansammlungen beim Buffet auf die Gefahr eines Sturzes oder eines Stolperns bewusst eingelassen ...". Das Gericht rügte die gestürzte Dame, denn von jedem Fußgänger verlange die Rechtssprechung, vor die Füße zu schauen. Sie aber habe dem nächsten Schritt am Buffet zu wenig Aufmerksamkeit geschenkt. In der Berufung entschied das Oberlandesgericht Linz den Buffetfall als bloßes Unglück. Dem Anstellen bei einem Buffet sei zwar kein sportlich-spielerischer, aber zumindest doch ein sozialer Wert beizumessen. „Dem Unfallopfer sei – ähnlich den Regeln für Spiel und Sport – bekannt gewesen; nämlich, dass wenn bei einem großen Personenandrang und allgemein vorherrschender Eile infolge von Unachtsamkeit der Fuß des Hintermanns vor den Fuß des Vordermanns gerate, dies ein typisches Risiko für eine solche Situation bilde." Der Oberste Gerichtshof betonte, dass bereits in zwei Instanzen das Ergebnis nach den allgemeinen Beweisregeln vertretbar sei. Die Revision wurde unter 2 Ob 237/09f daher zurückgewiesen.

Was lernen wir daraus? Buffettigern kann gefährlich sein, denken wir an Leber, Magen, Blutdruck, die „Schlacht am kalten Buffet".

Zu viel feiern ist überhaupt ungesund. Erinnern wir uns nur an den Ehemann von Kaiserin Maria Theresia, Franz I. Stefan von Lothringen, der am 18. August 1765, wenige Tage nach der Hochzeit seines Sohnes Leopold II. mit der spanischen Prinzessin Maria Ludovica in Innsbruck verstorben ist; die Hochzeitsfeierlichkeiten (Essen, Essen, Essen ..., obwohl die Ernährungssituation ungünstig war, wurde bei den Bauern knallhart requiriert; eine Rechnung beweist: Franz I. Stefan speiste 35 Forellen zum Frühstück) dauerten auch fast 2 Wochen. Und es wird berichtet, dass es bei der Krönung von Josef II. so viel Essen gab, dass sich die Herren (Damen waren ja nicht zugelassen) über Magenbeschwerden aufregten. Es gab u. a. einen im Ganzen gebratenen Festochsen. (Das erinnert mich wieder an einen beruflichen Einsatz in Venezuela, bei dem ich zu einem Empfang in den Dschungel – ich sagte: „Dschungelheuriger" – gebeten wurde und ein halber Ochse schon mehrere Tage in einer großen Erdgrube gebraten worden ist. Dazu spielte eine Band im Mariachi-Stil; was will man mehr? Ich hab's aber gut ausgehalten).

Mit Maß und Ziel, auch in der Geschwindigkeit am Buffettisch selbst, das ist das Entscheidende. Persönlich sollte man auch fit sein, um die Schlacht am kalten Buffet überstehen zu können.

Ein diesbezüglich bemerkenswertes Erlebnis war an einem Tag, an dem ich vormittags ambulant auf dem Operationstisch im

K.F.J.-Spital lag, mittags entlassen wurde, mich nachmittags erholte und am Abend bei einem großen Buffet in der Orangerie des Schlosses Schönbrunn gewesen bin. Ja, Buffettigern trainiert Körper und Geist!

Die Kleidung

Vielleicht zum Abschluss noch eine kleine Diskussion der Kleidung, denn da kann man vieles falsch machen. Grundsätzlich gilt das alte Tarnungsprinzip des Tierreiches: nur nicht auffallen. Ich spreche nicht von den schillernden Veranstaltungen der Hautevolee aus Künstlerkreisen, bei denen Schauspieler, Maler, Werbeexperten usw. um jeden Preis auffallen wollen und wo meistens auch das Buffet zugehörig bunt schillert und glänzt. Nein, ich spreche von den Buffets, die so tagtäglich gereicht werden. Insbesondere dann, wenn Sie nicht hundertprozentig „legal" bei einer solchen Veranstaltung sind, ist es sicherlich praktisch, sich neutral zu kleiden.

Beim Herrn heißt das noch immer grauer Anzug oder blauer Anzug, mit oder ohne Gilet. Im Sommer kann es auch ein heller Anzug sein. Meistens mit Hemd und Krawatte, natürlich kann bei etwas „schrägeren" oder weniger dem Establishment angehörenden Veranstaltungen die Krawatte weggelassen werden und das Hemd durch einen entsprechenden Rollkragenpulli, Poloshirt, modisches Hemd ohne Kragen und dergleichen ersetzt werden. Nie falsch sind Blazer und Hose, unterschiedlich für Sommer und Winter.

Die Dame kann dem entweder angeglichen sein, also Kostüm, Blazer, Rock, Hose, Hosenanzug oder etwas bunter sein, etwa ein schönes Cocktailkleid.

Eine gewisse Seriosität bei seriösen Veranstaltungen kann durchaus nicht von Nachteil sein. Vielleicht wird man mich jetzt als sehr konservativ einschätzen, aber ich habe die Erfahrung gemacht, Kleidung, die überallhin neutral passt, kann durchaus von Vorteil sein.

Ein ungelöstes Problem für Damen und Herren stellt die Handtasche dar, die ja jetzt von beiden Geschlechtern schon seit Jahren verwendet wird. Sie ist bei einem Buffet äußerst unpraktisch. Stellt man sie irgendwo hin, läuft man Gefahr, dass sie geklaut wird (auch bei seriösen Veranstaltungen gibt es durchaus unseriöse Leute), schleppt man sie an der Schulter mit, ist sie äußerst hinderlich. Vor allem, wenn der Riemen von der Schulter auf die Armbeuge herunterrutscht, kann man noch so kräftig sein, man wird den Schlag nicht abfangen können. Und was das mit einem Glas Rotwein in der Hand bedeutet, kann sich jeder selbst ausmalen. Am besten man hat keine Tasche, oder man begnügt sich mit einem dünnen Brieftäschchen (gibt es für männliche und weibliche Ausführungen), das man notfalls zwischen Oberarm und Körper einklemmen kann.

Tagesfreizeit

Natürlich ist für das ungehinderte Tigern eine gewisse Tagesfreizeit praktisch. Da tun sich „ewige Studenten“, Lehrer, Arbeitslose und Pensionisten sicherlich leichter, sind aber nicht gerade die Zielgruppe. Trotzdem gibt es genügend Abendveranstaltungen; aber Sie sollten schauen, dass Sie rechtzeitig aus der Arbeit wegkommen. Vieles beginnt schon um 18 Uhr, manches auch früher und das kann dann etwas knapp werden. Es hängt auch davon ab, was Sie so den ganzen Tag machen. Wenn Sie erst aus dem „Blaumann" herausschlüpfen und die schwarzen Hände entfetten müssen, kann es manchmal für eine Umwandlung zum gediegenen Buffetbesucher etwas zeitraubend sein. Denken Sie bei Buffets aber immer an den netten Zeitvertreib. Einen Urlaubstag opfert man nur bei A1- oder A2-Buffets, insbesondere, wenn die Veranstaltung den ganzen Tag dauert und wirklich interessant ist.

Ausblick

Mehr ist nicht zu sagen. Vergnügen Sie sich an den Buffets, danken Sie den edlen Spendern, denken Sie an Ihre Gesundheit („Mit Maß und Ziel") und halten Sie den Schlachtruf aller Buffettiger hoch: „Gratis, aber nicht umsonst!". Denn zahlen kann ein Buffet jeder. Aber dann ist er nur Gastronomiekonsument, kein Buffettiger. Wohl bekomm's!